교회를 위한 삶

CHRISTOPH SCHÖNBORN
AMARE LA CHIESA
Esercizi spirituali predicati a Papa Giovanni Paolo II

Copyright © Edizioni San Paolo s.r.l. 1996
Cinisello Balsamo, Milano
All rights reserved

Translated with notes by KIM Jung Woo
Korean translation copyright © 2004 Benedict Press, Waegwan, Korea
Korean translation edition is published by arrangement with Edizioni San Paolo s.r.l.
Cinisello Balsamo, Milano

교회를 위한 삶
2004년 5월 초판 ∣ 2006년 10월 재쇄
옮긴이 · 김정우 ∣ 펴낸이 · 이형우
ⓒ 분도출판사
등록 · 1962년 5월 7일 라15호
718-806 경북 칠곡군 왜관읍 왜관리 134의 1
왜관 본사 · 전화 054-970-2400 · 팩스 054-971-0179
서울 지사 · 전화 02-2266-3605 · 팩스 02-2271-3605
www.bundobook.co.kr
ISBN 89-419-0407-2 03230
값 8,500원

이 책의 한국어판 저작권은
Edizioni San Paolo s.r.l.과 독점 계약한 분도출판사에 있습니다.
저작권법에 의해 한국 내에서 보호를 받는 저작물이므로
무단 전재와 무단 복제를 금합니다.

크리스토프 쇤보른

교회를 위한 삶
교황님을 위한 사순절 피정 강의

김정우 옮김

분도출판사

권·하·는·말

새로운 인식과 전망으로 1·2차 세계대전부터 제2차 바티칸 공의회 전까지 우리를 매혹시켰던 주제는 "교회"다. 그런데 그 사이에 우리는 좀 지쳐 버린 것 같다. 개인의 삶에 적용되는 것이 교회에도 적용되는데, 중국 격언에 "자기 안에 갇힌 사람은 드러나지 않는다"라는 말이 있다. 이 말은 교회가 그리스도께서 사시는 곳이고, 우리가 그분을 만나는 곳이라는 이유로 스스로에 대해 최고라고 말만 하는 교회는 자신의 사명에 충실할 수 없다는 뜻이다. 교회는 세상의 태양으로 서 있다고 교회의 교부들은 말하였다. 교회는 그리스도로부터 나오는 빛을 가진다. 교회가 이 빛을 받아들이지 않거나, 빛을 계속해서 비추지 않는다면 교회는 빛을 잃은 땅덩어리에 불과할 것이다.

빈의 크리스토프 쉰보른Christoph Schönborn 대주교님이 1996년 사순절에 교황님과 로마 교황청 소속 위원들을 위한 피정을 지도하셨는데, 피정 강의 주제로 "교회"를 선택하셨다. 쉰보른 대주교님은 세상에 비친 교회의 모습에서 하느님의 신비와 창조의 놀라움에 대해 그리고 인간이 무엇이며, 그리스도께서 어떻게 인간을 구원하시며 어떻게 인간을 새로운 희망으로 부르시는지, 또한 어떤 방법으로 인간이 희망의 길로 나아갈 수 있는지를 우리에게 보여 주셨다. 대주교님께서 교회에 대해 말씀하시는 방법은 마치 고딕식 주교좌 성당을 연상하게 하고, 그 성당 벽 스테인드글라스를 통해서 창조의 빛이 하느님과 인간의 전 역사를 비추게 하는 것 같은 방법이다.

피정 강의는 교회 내부를 바라보게 하며 동시에 교회에 대한 자유롭고도 넓은 시야를 열어 준다. 또한 영원함과 시간에 대해, 그리고 인간과 세상의 기원과 미래에 대해 이야기한다. 쉔보른 대주교님이 우리에게 보여 준 교회는 그 스스로에 고정된 것이 아니라, 하느님께서 우리의 마음을 열어 주시고 우리의 분열을 극복하게 하시기 때문에, 우리로 하여금 전체를 볼 수 있게 하는 곳이며 동시에 우리 서로를 그리고 각자가 스스로를 발견할 수 있는 장소인 것이다.

쉔보른 대주교님은 두 명의 첫 제자가 예수께 한 질문으로 강의를 이끌어 가신다: "랍비, 묵고 계시는 데가 어딘지 알고 싶습니다." 그러자 "와서 보라"(요한 1,38-39)고 예수께서 말씀하신다. 피정 강의는 우리에게도 이 질문을 던져 이 질문이 우리의 질문임을 깨닫게 하고, 예수께서 참으로 계시는 곳을 알아내기 위해 두 제자가 선생님과 함께 갔던 길로 우리를 초대하였다. 피정 강의는 예수께서 참으로 계시는 곳에서 그분에 대해 그리고 올바른 삶에 대해 스스로 배울 수 있게 하였다. 더군다나 매혹적인 것은 대주교님 당신이 편집장으로서 작업하였던 『가톨릭 교회 교리서』에 있는 당신의 모든 관점과 생각들을 이 피정에서 보여 주신 것이었다. 그리고 『가톨릭 교회 교리서』의 영성적인 풍부함을 놀라운 방법으로 우리에게 알려 주셨다. 그래서 우리는 교리서를 새롭게 읽어야 한다는 것을 배웠고, 교리서가 단지 교과서가 아니라 무엇보다도 꼭 읽어야 할 책이라는 것을 이해하게 되었다.

우리의 의문들을 간결하고 심도 있게 이끌어 주는 신앙의 지침이 1996년 사순절 첫 주간에 로마에 선물로 주어졌다는 것을 기쁘게 생각한다. 이 책의 출판을 통해 많은 사람들이 이 책을 가까이할 수 있게 되기를 바란다. 그리고 이 책의 독자들에게 그리스도의 기쁨이 함께하길 기원한다.

1996년 대 알베르토 성인 축일
로마에서, 요셉 라찡거 추기경

옮·긴·이·의 말

2002년 한 학기와 여름 방학 동안 또다시 긴 씨름을 했다. 너무나 많은 땀과 인내와 끈기를 요구하는 긴 씨름, 정작 번역을 마쳤을 때는 나 자신과의 싸움에서 이겼다는 희열감보다는 교회에 대한 크리스토프 쇤보른 추기경님의 역작에 흠집을 남기는 것이 아닌가 하는 두려움이 앞섰다.

이 책을 통해 쇤보른 추기경님은 교회를 진정으로 사랑하는 것이 무엇인가를, 그리고 우리의 삶을 풍요롭게 하고 우리의 정체성을 자가 진단할 수 있는 방법을 제시하고 있다. 부족한 번역이지만 교회를 사랑하는 마음으로 번역을 마칠 수 있었다.

교회에 대한 끊임없는 열정과 사랑으로 지속적으로 저서를 펴내시고 하나의 본보기를 만들어 주고 계신 쇤보른 추기경님께 존경과 고마움을 전하고 싶다. 그리고 책이 나오도록 도와주신 대구대교구장 이문희 대주교님, 분도출판사 선지훈 신부님, 홍익 포럼과 백 선생께 감사드린다.

2004년 사순절에
김정우 신부

교·회·를·위·한·삶 | 차례

권하는 말 | 5
옮긴이의 말 | 8
들어가는 말 | 11

제1장 세상 창조 때부터 이미 예시된 교회 | 21

첫째 묵상: 교회는 만물의 목적이다 | 22
둘째 묵상: 하늘과 땅 | 29
셋째 묵상: 가시적 세계 | 36
넷째 묵상: 하느님께서는 당신의 계획을 실현하신다
— 하느님의 섭리 | 45

제2장 옛 계약에서부터 준비된 교회 | 59

첫째 묵상: 악은 어디에서 오는 것인가? | 60
둘째 묵상: 최초의 복음(원복음) | 67
셋째 묵상: 노아와 계약을 맺으시다 | 75
넷째 묵상: 구약 | 83

제3장　**마지막 시대에 세워진 교회**　|　95

　　첫째 묵상: 그리고 말씀이 사람이 되셨다　|　96
　　둘째 묵상: 예수님 생애의 신비들　|　103
　　셋째 묵상: 그리고 이 반석 위에 …　|　111
　　넷째 묵상: 그리스도 옆구리에서 태어난 교회　|　123

제4장　**성령강림으로 드러난 교회**　|　137

　　첫째 묵상: 그분이 성령을 건네주시다　|　138
　　둘째 묵상: 당신 교회의 믿음을 보소서　|　146
　　셋째 묵상: 기도 — 희망의 대변자　|　153
　　넷째 묵상: 우애　|　163

제5장　**세말에 영광스러이 완성될 교회**　|　173

　　첫째 묵상: 순례하는 교회　|　174
　　둘째 묵상: 성인들의 통공　|　182
　　셋째 묵상: 제삼천년기　|　190
　　넷째 묵상: 일어나 신랑을 마중 나가라!　|　197

　　마무리 묵상　|　207

들·어·가·는·말

"스스로 한없이 완전하고 복되신 하느님이시다"[1]

이 말씀으로 『가톨릭 교회 교리서』가 시작된다. 1996년 2월 바티칸에서 교황님을 위한 부활 피정 내용을 담은 이 책을, 같은 말씀으로 시작하고자 한다. 피정은 부활을 준비하는 동안 주님께서 특별히 우리를 어디로 초대하시는지, 그리고 우리가 어디서 그분의 안식처(히브 4,11 참조)를 찾을 수 있는지를 가르쳐 준다.

"선생님, 어디에 머물고 계십니까?" 첫 제자들이 처음으로 예수 그리스도를 만났던, 잊을 수 없는 그날 이렇게 여쭙자, 예수께서는 돌아서서 그들에게 "너희가 바라는 것이 무엇이냐?"(요한 1,38) 하고 물으셨다. "랍비, 묵고 계시는 데가 어딘지 알고 싶습니다." 예수께서는 "와서 보라!" 하고 대답하셨다. "그들은 따라가서 예수께서 계시는 곳을 보고 그날은 거기에서 예수님과 함께 지냈다. 때는 네시쯤이었다"(요한 1,38-39).

이 첫 만남은 예수께서 사랑하셨던 제자에게 나이가 든 후에도 여전히 현재로 자리하고 있다. 때는 10시, 지금 시간으로는 오후 4시경이다. 이 첫 만남의 시간에서부터 하나의 공동체, 그분과의 친교, 곧 교회가 시작되었다. 왜냐하면 교회는 「현대의 교리교육」Catechesi

*Tradendae*이 말하는 대로 "사람들이 예수 그리스도와 친교를 이루게 하는 것" 외에 다른 무엇이 아니기 때문이다.[2] 예수님과의 친교는 세례자 요한이 곁에 서 있던 두 제자에게 그분을 알리는 것으로 시작되었다: "다음 날 요한이 자기 제자 두 사람과 함께 다시 그곳에 서 있다가 마침 예수께서 걸어가시는 것을 보고 '하느님의 어린양이 저기 가신다' 하고 말하였다"(요한 1,35-36). 그분과의 만남 그리고 그를 통해 "교회"라고 부르는, 그분과의 친교가 이루어지기까지는 많은 시간이 필요했다. 성 이레네오Irenaeus가 표현한 것처럼[3] "하느님과 인간이 서로 익숙해지기" 위해서는 때가 무르익을 때까지 많은 세기를 필요로 했다. 이제서야 비로소 인간은 주님께서 거처하시는 곳, 그리고 하느님께서 태초부터 인간을 초대하셨던 그곳으로 나아갈 수 있게 되었다.

요한 복음에서 항상 볼 수 있는 것과 볼 수 없는 것, 천상적인 것과 현세적인 것이 서로 맞물려 있듯이 "어디에 머물고 계십니까?"라는 것은 어떻게 말을 건네야 할지 몰라 당황했던 두 젊은이의 단순한 질문에 불과하다. 그러나 그들의 질문 안에는 인간이 한때 소유하고 있다가 잃어버린 분에 대한 신뢰심을 찾으려는 인간의 온전한 탐구가 들어 있다: "주님, 어디에 머물고 계십니까?" 이 질문을 통해서 표현되는 갈망은 이미 인간의 첫 범죄 이후 하느님 편에서 "아담아, 너 어디 있느냐?"(창세 3,9) 하시며 인간을 부르시는 분의 외침인 것이다.

이처럼 이 첫 순간은 사도 요한에게는 백발이 된 뒤에도 지난 시간을 되돌아볼 때, 태초의 신비와 같은 비중을 가질 만큼 소중한 시간이었다. 그 순간은 시간적이며 연대기적인 첫 만남의 순간일 뿐만 아니라, 한 처음에 하느님께서 하늘과 땅을 창조하셨던(창세 1,1) 그 태초의 만남의 뿌리가 되는 순간이었다. 아니 더 심오하게는 한 처음에 말씀이 계셨고, 말씀이 하느님과 함께 계셨고, 말씀이 하느님이셨고, 하느님이신 그분을(요한 1,1) 만나는 순간이다.

이 첫 만남의 시간이 백발이 된 사도 요한에게는 하느님의 가장 고유한 신비인 태초, 원천의 빛 아래 있는 시간이다. 여기서 예수님과 친하게 지내는 모든 길이 시작된다. 그분과 친밀한 사이가 된 요한과 곧 한 무리가 되어야 하는 다른 이들은 그분에 의해서 당신이 머무시는 가장 내밀한 곳으로 인도되어야 했다. 부활 신앙의 밝은 빛 안에 있는 요한은 이곳에 대해서 다음과 같이 말할 수 있었다: "일찍이 하느님을 본 사람은 없다. 그런데 아버지의 품 안에 계신 외아들로서 하느님과 똑같으신 그분이 하느님을 알려 주셨다"(요한 1,18). 예수께서는 이 "자신의 쉼터"로, 곧 아버지의 품 안으로 요한과 다른 이들을 인도하실 것이다. 예수께서는 그곳에서 오시고, 그분만이 그곳으로부터 소식을 가져오신다(요한 1,18). 독생 성자이신 그분이 아버지의 품 안에서 가져오는 소식은 다음과 같다: "영원한 생명은 곧 참되시고 오직 한 분이신 하느님 아버지를 알고 또 아버지께서 보내신 예수 그리스도를 아는 것입니다"(요한 17,3).

아드님이 쉬는 곳일 뿐 아니라 세상 창조에 대한 결정과, 교회인 공동체에 대한 계획이 유래한 곳은 곧 성부의 품 안이다.

이 모든 것은 첫 만남의 시간 안에 여전히 감추어져 있다. 요한의 제자들이 "… 그날 거기에서 예수와 함께 지냈을"(요한 1,39) 때 예수께서는 무슨 말씀을 하셨는가? 독특한 것은 다른 복음서 저자가 제자들에게 하신 당신의 은밀한 말씀을 전해 주는 것(요한 13-17)과는 달리 요한은 이에 대해 침묵하고 있다는 점이다. 요한은 이 첫 만남을 자기 가슴속에 신비로 간직하지만 이는 마치 그후 일어나는 모든 일들이 이 만남의 신비 안에 이미 감추어져 있는 것과 같다. 예수님과 함께했던 시간들이 얼마나 결정적이었는지는 이튿날 나타난다. 즉, 안드레아는 시몬을 예수께로 데리고 와서 "우리가 찾던 메시아를 만났소"(요한 1,41), 그 이튿날 나타나엘은 예수께 "선생님은 하느님의 아들이시며 이스라엘의 왕이십니다"(요한 1,49)라고 고백한다.

  요한과 함께, 그리고 요한처럼 그 시간을 회고할 수 있도록 독자들의 영성 수련을 위해 이 책의 서두에로 초대하려고 한다. 왜냐하면 우리는 처음으로 그분을 만났고, 그분은 "당신들은 무엇을 찾고 있소?"라는 물음으로 우리에게 말을 걸어오셨기 때문이다. 각자에게 있어 소명은 이미 교회의 시작과 마찬가지로 오늘날에도 고유하고 바뀔 수 없는 형태를 가지고 있다. 그리고 요한이 첫 만남에 대한 기억을 신비로 간직해 왔듯이, 비록 외적 과정에 관해서는 말할 수 있겠지만, 우리에게도 자신의 부르심의 내적 사건을 말로써 표현할 수는 없다. 그렇지만 우리는 분명 영성 수련에 있어 개인적으로 그 출발점으로 돌아갈 수 있고 분명히 돌아가야 한다. "예수께서 계시는 곳"(요한 1,39), 그곳에서 새롭게 그분을 찾아뵙고, 관찰하기 위해서 그분 곁에 머물고, 그런 다음 안드레아가 자기 형제 시몬에게 했던, "시몬을 예수께 데리고 갔던"(요한 1,42) 행동을 새롭게 할 수 있게 하기 위해서는 처음으로 되돌아가야 한다. 영성 수련에서 선물로서 "우리가 찾던 메시아를 만났소"(요한 1,41)라고 말하게 되고, 나타나엘처럼 "선생님은 하느님의 아들이시며 이스라엘의 왕이십니다"(요한 1,49)라고 고백하게 된다면 이보다 더 아름다운 것이 있겠는가?

묵었지만 여전히 새롭고 결코 진부하지 않은, "우리는 그리스도를 찾았습니다"라는 기쁨이 이 피정의 개인적 은총이 되기를 바란다.

우리는 이 영성 수련을 하면서 주님과의 개인적인 만남에만 지향을 두어서는 안 된다. 안드레아는 자기 형제 시몬에게 "우리는 그리스도를 찾았소"라고 말했다. 그것은 처음부터 "우리"다! 그들은 둘이서 예수님을 따라갔고, 그분 곁에 함께 머물렀으며, 자신들이 누구를 발견했는지 함께 말하고, 후에 예수께서는 그들을 함께 파견하셨다.

예수님과의 첫 만남이 교회의 탄생이다. 2000여 년 동안 순례의 길을 걷고 있으며 성자 탄생을 축하하고 메시아의 도래 안에서 희년과 교회의 탄생 기념을 준비한다. 교회 안에서 모든 개인적·공동체적인 것은 개인적 소명과 공동체적 사명이다. 이 묵상에서 우리는 개인적 소명뿐 아니라 교회의 사명에 대해서도 살펴보아야 한다. 그리스도를 통한 우리의 온전한 개인적 소명은 "우리"라는 교회와 불가분하게 결합된다.

이제 우리는 교회의 "자리"·"출생"·"여정"과 그 "목적"을 이 작은 책에서 살펴보고자 한다. 우리의 개인적 소명에 대한 새로운 기쁨으로 주님께서 우리 안에서 당신의 신부인 교회에 대한 사랑도 새롭게 하시기를 바란다. 교회에 봉사하고 교회를 위해 사는 것은 우리 성소의 전부이고 우리에게 맡겨진 과업이다. 우리는 교회가 무엇이며, 어디에 교회의 심오한 원천이 자리하고 있는지를 묵상해 보아야 하고, 교회를 더 사랑할 수 있기 위해서 마치 그분이 "나를 사랑하시고 또 나를 위해서 당신의 몸을 내주신"(갈라 2,20) 것처럼, 또한 "교회를 사랑하셔서 당신의 몸을 바치신 것처럼"(에페 5,25) 예수님의 시각으로 교회를 바라보아야 한다.

이 책은 제2차 바티칸 공의회 문헌의 하나인 「교회헌장」*Lumen Gentium*의 순서를 따른다. 「교회헌장」 제1장 "교회의 신비에 관하여"는 교회를 "성부와 성자와 성령의 일치로 모인 백성"으로 표현한다.[4]

교회의 성립과 성장은 크게 다섯 단계로 이루어지는데, 그 단계는 간단하게 분리되는 것이 아니라 서로 함께 어우러짐으로써 비로소 교회에 대한 온전한 실제를 형성하게 된다.

공의회는 교회에 대해서 말한다:

1. "교회는 세상이 생길 때부터 이미 예시되었고"
2. "이스라엘 백성의 역사와 구약 안에서 놀라운 방법으로 준비되었고"
3. "마지막 시대에 세워져"
4. "성령강림으로 드러났으며"
5. "세말에 영광스러이 완성될 것이다."[5]

이 책에서 다룰 영성 수련의 다섯 개 장은 위의 단계들 하나하나에 관한 것이고 여기에 『가톨릭 교회 교리서』가 되풀이되어 인용된다. 교황님은 이 교리서를 "신앙이라는 교향곡"이라고 표현하신다.[6] 여기에서 중요한 것은 "모든 악보의 화음" 그리고 각 부분들의 개관이다: "『가톨릭 교회 교리서』를 읽으면 사람들은 독생 성자 예수 그리스도의 중심적인 위치와 하느님의 신비와 당신의 구원 계획에 대한 놀랄 만한 일치를 파악할 수 있다."[7]

교황님은 「현대의 사제 양성」*Pastores Dabo Vobis* 62항에서 신학생들에게 신앙 교리에 대한 개괄적인 시각을 가질 수 있도록 『가톨릭 교회 교리서』를 공부할 것을 권고하셨다. 이 영성 수련에서 교리서는 자모이신 교회 안에서 청취자이며 수신자로서 — 교회의 자녀로서,

또한 목자로서 — 우리의 신앙을 튼튼하게 하는 데 도움이 될 것이다: "마치 어머니가 자녀들에게 말을 가르치고 그 말을 통해서 깨닫고 그것을 나누도록 가르치는 것처럼, 우리 어머니인 교회 역시 우리를 신앙의 이해와 삶으로 이끌기 위하여 신앙의 언어를 가르친다"라고 『가톨릭 교회 교리서』는 표현하고 있다.[8]

마지막으로 다시 한 번 서문의 첫 문장, 즉 『가톨릭 교회 교리서』의 첫 문장으로 되돌아가 보자: "스스로 한없이 완전하고 복되신 하느님이시다." 교리서의 첫 단어는 하느님이다. 분명히 말하자면 『가톨릭 교회 교리서』의 첫 진술은 하나의 환호성이다: "스스로 한없이 완전하고 복되신 하느님이시다." 이 첫 근본이 되는 신앙고백에서는 경배를 생각하게 한다. 하느님은 한없이 경배받으실 만한 분이시다. 그분을 찬미하는 데에는 그 어떤 증명도 필요하지 않다. 그분은 영원히 찬미받으실 만한 분이시다. 사실 그분은 찬미를 필요로 하지 않으신다. 그분께는 아무것도 더 보탤 것이 없다. 그분에게는 부족한 것이 아무것도 없다. 하느님은 그 자체로 영원히 복되신 분이시다. 그분을 바라보고, 찬미하고, 경배하는 여기에는 당신 자신이 충분한 근거가 되신다.

레지날드Reginald Garrigou-Lagrange OP 신부는 토요일마다 로마에 있는 안젤리쿰의 아울라 막냐Aula Magna에서 공개 강의를 했다. 각지에서 많은 사람들이 그의 강의를 들었으며 시내의 신자들도 강의실을 찾아왔다. 어느 토요일 강의를 시작하는 레지날드 신부의 첫 말씀은 "하느님"이란 단어였다. 그는 "하느님"이라 하고는 침묵했다. 잠시 후에 그는 다시 강의를 시작했으나 또 한 번 "하느님"이라고 말한 후에 더 이상 말을 이어 가지 못했다. 모든 사람이 팽팽한 침묵 속에서 다음 말을 기다렸다. 잠시 후 그는 책을 덮어 버리고는 일어나서 걸어 나갔다. … 나에게 이것을 일러 준 목격자 — 아직 생존하고 있음 — 는 "이제까지 들었던 강의 중 가장 감명 깊은 신학 강의였다"라고 말했다.

그렇다. 하느님은 그 자체로 영원히 완전하고 복되시기 때문에, 단지 그 사실 때문에 그분이 행하시는 모든 것은 "순수한 자비"와 "사랑"이다. 그분께는 당신을 실현시키기 위한 그 어떤 것도 필요치 않으며 우리를 필요로 하시지도 않는다. 그분 외에 다른 신은 없다.[9] 우리는 결코 그분이 어떤 분인지 알 수 없을 것이다. 그분이 누구신지도 이해할 수 없을 것이다: "만일 여러분이 하느님을 이해한다면 그것은 하느님이 아닐 것입니다"(아우구스티노, 「설교집」 52,6,16).[10] 그렇지만 우리는 그분의 지복에 참여하게 될 것이다. 이를 위해서 우리는 창조되었다: "순수한 호의로 계획을 세우시고, 자유로이 인간을 창조하시어 당신의 복된 생명에 참여하도록 하셨다."

이제 『가톨릭 교회 교리서』 1항은 우리 영성 수련 여정의 종합이다: "그러므로 하느님께서는 모든 시대, 모든 장소에서 인간에게 다가오신다. 하느님께서는 인간을 부르시며, 있는 힘을 다하여 당신을 찾고, 알며, 사랑하도록 도와 주신다. 하느님께서는 죄 때문에 흩어진 모든 사람을 당신 가족인 교회의 일치 안에 불러모으신다. 하느님께서는 때가 찼을 때, 이 일을 이루시기 위하여 당신의 아들을 구속자와 구원자로 보내 주셨다. 그분 안에서, 그분을 통해, 하느님께서는 사람들을 불러 성령 안에서 당신의 자녀로 받아들이시고 당신 복된 삶의 상속자가 되게 하신다."[11]

오, 복된 빛, 삼위이시며 일체이시여,
이제 불타던 태양빛이 물러가오니,
당신 빛을 우리 마음에 부어 주소서.

우리는 연중시기 주일 저녁기도 찬미가에서 이렇게 기도한다. 삼위일체이신 하느님께서 이 영성 수련 중에 있는 우리에게 빛이신 당신 자신을 우리 마음에 부어 주시도록 간청하자.
　오, 빛이시며, 복되신 삼위시여!

주

[1] 교리서 1항.
[2] 교리서 426항 참조.
[3] 교리서 53항.
[4] 교회헌장 4항; 교리서 810항.
[5] 교회헌장 2항; 교리서 759항.
[6] 신앙의 유산 2항.
[7] 신앙의 유산 3항.
[8] 교리서 171항.
[9] 교리서 212항.
[10] 교리서 230항.
[11] 교리서 1항.

제 1 장

세상 창조 때부터 이미 예시된 교회

첫째 묵상: 교회는 만물의 목적이다

교회는 창조 역사만큼이나 오래되었다. 사실 어떤 의미로는 창조보다 오래되었다고 할 수 있다. 초기 그리스도인들은 "세상은 교회를 위하여 창조되었다"고 말하였다. 심지어 교부들은 교회가 창조 이전에 이미 있었다고도 말하였다. 헤르마스의 『목자』[1]에서는 교회를 나이 든 여인에 비유하면서 "그녀는 모든 것에 앞서 창조되었다. 그래서 그녀는 늙었고 세상은 그녀 때문에 만들어졌다"고 말하였다.

하느님은 당신의 신적인 생명에 참여하도록 하기 위해 세상을 창조하셨다. 이 참여는 그리스도 안으로 사람들을 불러 모음으로써 실현되는데, 이 "불러 모음"이 바로 교회이다.[2]

교회는 만물의 목적이다. 알렉산드리아의 클레멘스Clemens von Alexandria가 남긴 유명한 말이 이를 잘 요약해 준다: "하느님의 의지에서 세상이 비롯되었듯이, 인간 구원이라는 하느님의 계획에서 교회가 비롯되었다."[3]

교회는 하느님께서 창조를 통해 뜻하신 것이며 창조의 진정한 목적으로서, 이 목적은 공의회 교부들의 말처럼 오직 "'의인 아벨부터 마지막 뽑힌 사람까지' 아담 이래의 모든 의인이 보편 교회 안에서 하느님 아버지 앞에 모이게 될"[4] 때에 비로소 달성될 것이다.

"하느님께서는 영원으로부터 이미 '온전한 그리스도', 곧 교회를 보셨다. 교회는 하느님의 기쁨이자 당신 자비의 걸작품인 것이다. 하느님께서는 창조의 시작에서부터 만물을 당신 그리스도의 완전한 성취에로 이끌어 오고 계시다."[5] 이렇게 만물이 그리스도를 위해 창조되었다면(골로 1,16 참조), 만물이 그분의 몸인 교회를 위해 창조되었다고도 할 수 있다(골로 1,18 참조).

교회가 창조의 참된 목적이며 피조물 안에서 하느님께서 이루시는 모든 것의 참된 목적이라는 하느님 아버지께로 향하는 보편 교회의 이 원대한 시각은, 「교회헌장」 안에서 드러나는 겸허한 교회관과는 상치되는 것처럼 보이기도 한다.

일찍이 교황 비오 11세도 "사람이 교회를 위해 창조된 것이 아니라 교회가 사람을 위하여 창조되었다"[6]고 말씀하셨다. 이 때문에 제2차 바티칸 공의회는 "봉사하는 교회"라는 이미지를 사용하지 않았는가! "봉사하는 교회"는 그리스도 그분의 빛을 발산할 수 있는 교회, 즉 달이 전적으로 태양으로부터 빛을 받아서 반사시키듯이 그리스도의 빛을 받아 반사하는 교회를 뜻한다. 이것이야말로 교부들이 즐겨 사용했던 교회의 이미지인 것이다. 그래서 "인류의 빛은 그리스도이시다".[7]

교회는 목적이며 수단이고, 창조 계획의 최종 목적인 동시에 "그리스도 안에서 성사와 같다. 교회는 곧 하느님과 이루는 깊은 결합과 온 인류가 이루는 일치의 표징이며 도구이다".[8] 순례하는 교회 안에서 창조 계획은 이미 현실화되었고, 완성된 교회 안에서 그 목표에 도달하게 될 것이다. 그래서 창조의 완성은 곧 교회의 완성이며, 하느님과의 친교, 하느님 안에서 인류의 친교라는 교회의 의미가 완전히 드러나는 것이다. 공의회의 가르침에 따라 이러한 전망 안에서 본다면, 교회는 길이자 목표인 동시에 표징이면서 그 표징이 의미하는 것이며, 고전적 성사신학이 이야기해 왔듯이 거룩한 표징이면서 또한 거룩한 실재다. 즉, 이 표징은 교회에 대한, 그리고 교회 안에서 이루어지는 모든 것을 드러냄과 동시에 교회는 표징이 상징하는 것들을 그대로 이루어지게 하는 것이다.

교회는 길인 동시에 목적이고, "길이요, 진리요 생명이신" 그리스도 안에서 그분의 몸이며 신부新婦다. 이 책을 묵상함으로써 교회의 신비에 대한 생생한 감동을 항상 만나게 될 것이다.

"교회는 만물의 목적이다." 교회는 하느님의 창조 계획만큼이나 광대한 것이며, 칼 바르트K. Barth가 계약의 관점에서 말한 바와 같이 교회는 창조 계획의 "내적인 근거"다.[9] 따라서 첫 귀결은 교회를 올바로 이해하기 위해서는 창조 신앙이 중요하다는 것이다. 창조는 하느님의 첫 말씀이다. 그래서 창조 신앙이 없다면, 하느님의 말씀은 알아들을 수 없는 말씀에 그치고 만다. 바로 이 때문에 『가톨릭 교회 교리서』는 창조 교리의 중요성을 상세하게 다루고 있다. 공의회 이후 변화의 시기 동안, 창조 교리는 때로는 우려해야 할 만큼 등한시되었다. 그 사이에 창조에 대한 새로운 인식이 생겨난다. 이제 점점 명확하게 드러나고 있는 것은 신경의 첫 조항, 곧 "천지의 창조주"에 대한 믿음이 없다면 다른 조항들은 근거를 잃게 된다는 사실이다.[10] 창조와 창조주에 대한 진리는 다른 모든 신앙 진리들의 바탕이다. 이 진리를 도외시하고 계약, 율법, 성자의 강생, 구원과 은총, 교회와 성사들, 그리고 새로운 창조에 대해서 말한다는 것은 "근거 없는" 말일 뿐이다. 따라서 창조와 창조주에 대한 진리는 시간적으로 맨 처음이 아니라, 내용면에서 복음과 신앙 선포의 맨 처음에 놓여야 한다. 이런 면에서 볼 때 초기 교회가 창조 교리로써 예비자 교리를 시작한 것은 아무 뜻 없이 그렇게 한 것이 아니며, 부활 성야 예식이 창조 이야기로 시작되는 것도 깊은 뜻이 있기 때문이다. 그리고 회개를 향한 첫 단계도 천지의 창조주이시며 한 분이신 하느님께 대한 믿음에서 출발한다.

사도행전에 나오는 특이한 이야기에서 그 예를 찾을 수 있겠다. 첫 번째 선교 여행 때 바울로와 바르나바는 소아시아의 도시 리스트라에 가게 된다. 거기서 바울로는 날 때부터 앉은뱅이였던 한 사람을 고쳐 준다. 그러자 사람들은 소리 높여 "저 사람들은 사람 모양을 하고 우리에게 내려온 신들이다"(사도 14,11)라고 외친다. 그들은 바르나바를 제우스로, 또 주로 설교를 맡아서 한 바울로를 헤르마스라고 불렀다. 제우스 신을 모시는 사제는 황소 몇 마리와 화환들을 가져와서 사람들과 함께 그들에게 희생 제사를 바치려고 하였다. 두 사도는 바울로가 아레오파고 법정에서 반은 비난으로 반은 칭찬으로 표현한 아테네인들의 신심을(사도 17,22), 학문적 논쟁이 아니라 이교적 민간 신심의 완고한 형태 안에서 맞닥뜨리게 되었다.

두 사도들은 겉옷을 찢고 그런 불경스런 짓들을 그만두도록 간청하였다: "여러분, 이게 무슨 짓입니까? 우리도 여러분과 똑같은 사람입니다. 우리는 다만 여러분에게 복음을 전하여 여러분이 이런 헛된 우상을 버리고 살아 계신 하느님께 돌아오게 하려고 왔을 따름입니다. 이 하느님은 하늘과 땅과 바다와 그 안에 있는 모든 것을 만드신 분입니다. 지난날에는 하느님께서 모든 나라 사람을 제멋대로 살게 내버려 두셨습니다. 그러면서도 하느님께서는 은혜를 베푸셔서 하늘에서 비를 내려주시고 철에 따라 열매를 맺게 하시고 먹을 것을 주셔서 여러분의 마음을 흡족하게 채워 주셨습니다. 이렇게 하느님께서는 항상 당신 자신을 알려 주셨습니다"(사도 14,15-17).

그리 많지 않은 사도들의 선교 설교로서 예수님에 대해, 그분의 복음에 대해서는 한마디도 언급하지 않은 유일한 선교 담화다. 그것은 듣는 사람의 상황에 달려 있기 때문이다. 즉, 한 분이신 참 하느님께 대한 믿음이 없는 곳에서 그리스도를 선포한다는 것은 불가능하며 교회도 "세워질" 수 없다는 뜻이다.

이 장면과 이 장면이 묘사하고 있는 상황은 상당히 형이상학적이고도 실존론적인 문제들에 관해 다루고 있다. 실재의 성립에 관한 근본적인 문제들, 또 삶 안에서 고유한 실존에 대해 결정적인 방향을 설정하는 문제들에 대한 것이다.

"우리는 너희와 똑같은 사람일 뿐이다." 이 말은 사고와 행동의 변화를 의미하는 놀랄 만한 과정을 드러내 준다. "우리는 사람일 뿐이다." 반신半神도, 우연의 산물도 아닌 오직 피조물일 따름이다. 창조 신앙은 니싸의 그레고리오Gregorius von Nyssa가 간격이라고 표현한 하나의 근본적인 구분을 처음으로 알게 해 준다. 이 구분은 창조되지 않은 존재와 창조된 존재 사이의 구분, 홀로 영원히 그리고 완전하게 참으로 "존재하시는" 하느님과 스스로는 존재할 수 없는 피조물 사이의 구분이다. 우리가 그 구분의 효과를 결코 과대평가할 수 없을 정도로 근본적인 의미에 대한 것이다.

"우리도 너희와 똑같은 사람일 뿐이다"라는 인식은 종교적이고 형이상학적인 동시에 윤리적이며 순전히 이론적인 것만이 아니다. 바울로에 의하면, 이 인식은 회개, 곧 완전한 전환을 요구한다. 하늘과 땅을 지으신 "살아 계신 하느님께 돌아오시오".

하느님을 창조주로 깨닫고 자신이 피조물임을 인정하는 것은, 무가치한 거짓 신들로부터 등을 돌리고 "살아 계신 하느님"께로 향하는 전환 없이는 이루어질 수 없다. 회개란 욕망의 집착, 잡신에 대한 매혹을 어렵고 힘들게 끊어 버리고, 진리에로 해방되어 하느님 그리고 세상과 올바른 관계를 맺는 것이다.

또한 바울로는 인간의 마음 안에 자리 잡은 두 가지 분명한 표지들, 즉 감사와 기쁨을 제시했는데, 감사와 기쁨의 두 표지들은 이러한 전환, 이러한 회개가 강압적인 요구가 아니라 인간 내면 깊숙이 내재된 열망에 부합하는 것임을 나타내 준다.

바울로는 하느님과 피조물과의 관계를 간단한 말로 표현한다: "하느님께서는 명확하게 당신 자신을 드러내셨다." 비를 내려주시고 철에 따라 열매를 맺게 하시는 분이시다. 하느님은 "하늘에서" 선을 행하시는 분이시다. 하느님은 사람의 마음에 말씀하셔서 당신 스스로를 드러내신다. 하느님은 사람들의 마음을 양식과 기쁨으로 채워 주신다.

이 모든 것이 결코 세상과 우리들이 피조물임을 드러내는 "증거"는 아니지만 하느님께서 사람의 마음뿐 아니라 이성에다 말씀하고 계심을 암시하는 것이다. "하느님께서는 은혜를 베푸셔서 하늘에서 비를 내려주시고 철에 따라 열매를 맺게 하십니다." "하늘로부터"라는 말을 통해, 바울로는 비나 열매의 풍요로움처럼 창조의 기본적인 선물이 가지는 무조건적이고 보답을 바라지 않는 특성을 언급하고 있다. 그것들은 "위로부터" 오는 천상의 선물인 것이다. 이교도의 세계도 이것을 잘 알고 있지만 우리 세계는 이 사실을 잊도록 위협하고 있기에 다시 배워야만 할 것이다. 우리가 모든 선물을 주신 분께 대한 순수한 감사를 다시 배울 때, 은총의 선물을 풍부하게 받아들일 바탕을 마련하게 될 것이다.

감사와 기쁨은 함께 가는 것이다. 베드로는 그리스도를 사랑하는 이들에게 주어지는 "말할 수 없는 영광스러운 기쁨"에 대해 말한다 (1베드 1,8). 그런 기쁨의 "배양소"는 바울로가 말했듯이, 창조주의 선물들을 감사하게 받아들이는 이들의 마음 안에 있는 바로 그 기쁨이다. 사람의 마음 안에서 감사하는 마음으로 자라나는 이 기쁨은 하느님께서 사람들과 함께하는 길에서 가장 확실한 하느님의 협력자다. 성 이냐시오 로욜라는 이 기쁨 안에서 하느님의 뜻을 식별하기 위한 신뢰할 만한 지표들을 발견하고 이 기반 위에서 자신의 영신수련법을 만들었다.

교회는 만물의 목적이다. 교회는 창조 때부터 이미 예시되었다. 그러므로 피조물들은 교회에 봉사하고 교회가 제 길을 가도록 도우며, 또한 피조물은 교회 안에서 완성된다. 묵시록 12장에서, 우리는 용이 광야의 여인을 멸망시키기 위해 강물을 토해 냈을 때 땅이 그 물을 삼켜 버림으로써 여인을 돕는 이야기를 듣게 된다(묵시 12,15-16 참조). 이 장면은 피조물 전체가 하느님의 사랑받는 신부요 여인인 교회에 봉사한다는 것을 보여 준다.

물론 이 장면이 보여 주는 것은 피조물들의 도움이 억압받고 박해받으며 순교하는 교회를 위한 것이라는 사실이다. 다른 한편 피조물이 갈망해 온 치유가 오직 교회의 신비 안에서만 발견된다는 것도 볼 수 있다: "우리는 모든 피조물이 오늘날까지 다 함께 신음하며 진통을 겪고 있다는 것을 알고 있습니다"(로마 8,22). "피조물이 제구실을 못하게 된 것은 제 본의가 아니라 하느님께서 그렇게 만드신 것입니다. 그러나 거기에는 희망이 있습니다. 곧 피조물에게도 멸망의 사슬에서 풀려나서 하느님의 자녀들이 누리는 영광스러운 자유에 참여할 날이 올 것입니다"(로마 8,20-21). 이런 까닭에 모든 피조물들이 교회를 갈망해 온 것이다. 교회의 전례 안에서, 성사 안에서, 기도 안에서 그리고 일상생활의 성화 속에서, 가난한 이들에 대한 친밀한 사랑 안에서 이미 피조물에 대한 치유가 이루어지고 있다. 피조물과 교회의 관계는 오직 파스카의 신비, 타락과 강생 그리고 구원의 신비 안에서만 이해될 수 있다. 그래서 아우구스티노 성인은 교회를 "화해된 세계"라고 불렀다. 따라서 이어지는 묵상 가운데, 교회의 길이며 목적인 이 화해의 길에 대해서 계속 새롭게 언급하게 될 것이다.

이제 『가톨릭 교회 교리서』 몇 구절로 결론을 맺어 보자: "교회는 만물의 목적이며, 천사의 타락이나 인간의 범죄와 같은 고통스러운 역경도, 하느님께서는 세상에 당신 팔의 힘을 펼치시어 완전한 사랑을 베풀기 위한 기회와 도구로서만 허락하셨다."[11]

둘째 묵상: 하늘과 땅

교회는 "세상이 생길 때부터 이미 예표"되었다.[12] 이 말은 피조물 전체, 곧 "하늘과 땅"이 교회의 전형前形임을 뜻한다. 그러므로 피조성에 대한 이해, 곧 창조된 것이라는 데 대한 이해는 교회의 이해를 위한 전제 조건이다. 교회와 교회의 신비를 명명할 수 있기 위해서 창조의 언어가 필요하며, 그 반대로 창조의 언어는 오직 교회적 관점에서만 이해될 수 있다.

이어질 세 가지 묵상은, 교회의 신앙의 신비라는 관점에서 창조의 질서 안에 나타나는 교회의 전형에 대한 것이다.[13] 첫째 묵상은 하늘과 땅의 관계를 교회의 두 차원, 즉 지상의 교회인 동시에 천상의 보화로 가득 찬 이 교회[14]라는 두 차원의 원형에 관한 것이다. 여기에는 천사들의 교회, 즉 교회의 전형으로서의 천사들의 세계에 대한 특별한 묵상이 포함되어 있다. 둘째 묵상은 가시적 창조의 "문법"에 대한 것이다. 교회가 말하는 언어는 이 가시적 창조계의 언어다. 마지막 묵상은 하느님의 섭리, 즉 하느님께서 창조 계획을 어떻게 목표하는 곳까지 이끌어 가시는가에 대한 내용이다. 따라서 세 가지 묵상 모두가 바로 『가톨릭 교회 교리서』의 창조에 관한 교리를 말하고 있는 것이다.

한때 많은 신학자들은 "하늘과 땅"을 "위와 아래"를 뜻하는 진부한 세계관의 일부로 설명해야 한다고 생각했다. 이 고지식한 이성주의적 "반反신화화"가 간과하고 있는 것은 그러한 세계관을 어떻게 평가하든 간에, 인간에게는 언제나 실제적인 "위"와 "아래"가 있을 것이라는 사실, 즉 우리 위에는 하늘이 있고, 우리가 사는 곳은 땅이라는 것이다. 무엇인가를 갈망하며 하늘을 바라보는 사람, 기도 중에 팔을 펴 든 사람은 인간의 이 세상 삶에 바탕을 두고 있는 신화와 상징 안에서 이야기되는 오래된 사실들을 증언한다. 곧 땅은 그 자체로 전부가 아니며, 하늘과 대칭으로 서 있다는 것이다. 칼 바르트는 "한 우주 안에 위와 아래가 있다"고 하였다. 이 "위와 아래"는 창조주와 피조물, 그리고 하느님과 인간의 고유하고 참되며 엄격한 "위·아래" 관계를 반영한다.[15] 하늘과 땅의 양극성과 상호관계는 창조주와 피조물의 관계와 교회에 대한 상징이며 유비다.

"한 처음에 하느님께서 하늘과 땅을 지어내셨다"(창세 1,1). 그래서 하늘 땅 모두 피조물이며, 하늘 또한 땅처럼 창조되었다. 하느님은 "땅과 하늘 위에 그 위엄 떨치시고"(시편 148,13) "하늘과 땅에 있는 것 어느 하나 하느님의 것 아닌 것이 없다"(1역대 29,11). 그러므로 하늘 또한 하느님의 위대함과 친밀하심을 드러내는 "성사"다. "높기가 땅과 하늘에 비길 수 있고, 경외하는 자에게는 그 사랑 그지없으시다"(시편 103,11).

땅은 하늘에 의존해 있다. 그래서 비와 이슬은 우리가 "온갖 훌륭한 은혜와 모든 완전한 선물"(야고 1,17)이 내려오는 "위"에 의지해 있음을 암시한다. 그럼에도 우리 피조물들은 하늘과 땅의 주인이신 하느님께 완전히 의존해 있다는 사실을 심각하게 망각해 버리는 것이다. 이 망각은 심지어 교회상敎會像에도 영향을 주는데, 「교회헌장」의 명확한 가르침과는 상반되게 "교회"에 대한 무관심이 광범위하게 확산되는 것이 오늘날의 현실이다.[16]

안드레아 포조Andrea Pozzo는 하늘과 땅의 상호 연관을 표현하는 훌륭한 그림을 로마의 성 이냐시오 성당 천장에 그렸다. 이 그림은 바로크식 원근법을 잘 살려 무한히 하늘로 치솟아 오르는 느낌을 준다. 성 이냐시오가 삼위일체이신 하느님을 향해 올라가고, 예수회의 다른 성인들이 그 뒤를 따르는 광경을 담고 있다. 천사들도 오르내리며, 천상 공동체에 다다르기 위해 온 힘을 다해 분투하는 4대륙에 대한 우화적 표현과 결합을 시도한다.

그렇다면 땅이 하늘로 치솟아 오르는 것인가? 아니면 하늘이 땅으로 내려오는 것인가? 두 가지 운동 모두가 일시에 이루어진다. 그러나 "위"가 "아래"를 전적으로 결정한다. "위"는 "아래"가 갈망하는 목적이요, 그 여정이 향하는 곳이기 때문이다. 그리고 "위"로부터 지상교회를 위한 도움과 지상교회를 밝히는 빛이 내려온다. 교회의 본향은 "위"이며, 우리는 그곳, "하늘의 시민"(필립 3,20)이다.

그러나 천상에 사로잡혀 현세에 소홀하거나, 저 세상에 대한 감언이설, "인민의 아편" 등과 같은 비난을 받지 않을까 하는 불안감이 우리로 하여금 교회의 천상 고향을 잊어버리게 한다. 하지만 하늘이 천사들과 성인들의 통공을 교회에 더 이상 개방하지 않으면, 순례자인 교회는 적막하고 황량한 곳이 되고 말 것이다. 그런데 교회는 순례자라는 사실과 시련과 고난을 거쳐서 천상의 고향에로 향하는 가운데 누리는 기쁨을 망각하고 있다.

여기서 특히, 하늘과 땅 양극성의 영역에 대해 언급하고자 한다. 즉, 비가시적 피조물과 가시적 피조물의 상호 연관성에 대한 것으로, 이는 교회를 위해서도 특별한 의미를 지닌다. 또한 우리가 천사라고 부르는 대단한 피조물 없이는 결코 교회를 생각할 수 없다. 그리스도교 이전 유다인의 주석은 이미, 하느님께 봉사하는 영적이며 초현세적인 존재, 즉 무수한 천사의 무리를 창조하셨다는 것을 하느님께서 하늘과 땅을 창조하셨다는 의미 안에서 이해하고 있었다.

바울로는 이 전통에 따르는 동시에 이 전통을 그리스도께 대한 믿음으로 이끈다: "하늘과 땅에 있는 만물, 곧 보이는 것은 물론이고 왕권과 주권과 권세와 세력의 여러 천신들과 같은 보이지 않는 것까지도 모두 그분을 통해서 창조되었습니다"(골로 1,16). 하늘의 그 피조물이 바로 천사다. 그들은 성서 세계의 한 부분이다.

하느님의 보이지 않는 피조물의 실재에 대한 의식이 그리스도인 사이에서 사라지면서 땅은 점점 보잘것없게 되었고 우리 또한 보잘것없게 되었다. 우리는 매번 천사들의 찬미에 맞추어 "거룩하시다"를 노래하는데, 과연 이것이 성찬례를 이해하는 데 무슨 의미가 있는가? 미사 시작 부분에서 죄를 고백하면서, 우리는 형제자매들뿐 아니라 평생 동정이신 성모 마리아와 모든 천사와 성인들에게 전능하신 하느님께 간구해 주시기를 청하는데, 우리가 참회 예식을 이해하는 데 있어 이것은 무슨 의미를 가지는가?

다른 대안 없이 이 부분을 전례서에서 삭제하는 것은 천사를 단지 완성된 인간존재의 상징으로만 보고자 하는 이들에게는 일종의 정당한 해결 방법이 될지도 모른다.

반면 다양한 모습 안에 천사들뿐만 아니라 악마들도 돌아오고 있다. 뉴에이지 운동이나 인지학人智學 안에서, 현대의 만화와 록 뮤직이 빚어내는 아수라장 속에서 악마들이 다시 등장한다. 이러한 풍조가 확산되고 있는 현실과 맞서자면, 우리는 신앙 안에서 이 천사적인 피조물들의 존재와 작용에 대해 성찰해야 한다. 로마노 과르디니 Romano Guardini는 수호천사 축일 강론에서 이 문제의 핵심을 이렇게 말하였다:

> 천사가 무엇을 의미하는가에 대한 문제에 저는 답할 것이 많습니다. 예수께서는 당신 제자들에게 가르치신 가장 거룩한 기도 안에서 아주 중요한 것을 말씀하셨습니다. 「주님의 기도」셋째 청원에서 우리는 하느님께 당신의 뜻이 하늘에서와 같이 땅에서도 이루어지시기를 기도합니다. 여기서 그분의 뜻을 천상에서 행하는 이들이 바로 천사들입니다. 우리는 천사들이 "하늘에 계신 내 아버지를 항상 모시고 있다"(마태 18,10)는 말씀을 듣습니다. 천사들은 사랑의 통찰로 하느님의 섭리를 이해하고, 완전한 복종으로 그분의 뜻을 힘차고 정확하게 수행합니다.[17]

만약 하느님의 뜻이 지상에서 완전히 이루어지지 않는다 해도, 당신 피조물의 다른 한 장소 안에서 완전히 이루어지는데, 그곳은 바로 성인들의 동반자인 천사들의 세계, 하늘이다. 자신들의 전 존재를 영원히 그리고 온전히 하느님 뜻에 봉헌하는 것, 그것도 완전한 자유의지로 자신들을 봉헌하는 것이 천사들을 장엄하게 하고 영광스럽게 한다: "당신의 뜻이 이루어지소서." 하늘은 이런 일이 일어나는 곳이며, 하늘에서 이런 일이 이루어지듯이 땅에서 이루어지는 바로 그곳에 하늘은 이미 땅으로 내려와 있다.

그리고 이런 일이 일어나지 않는 곳, 하느님의 순수한 영적 존재로서 누리는 자유, 확신에 차서 일관된 행동을 하게 하는 이 자유가 하느님의 뜻을 거절할 때, 그곳이 바로 지옥이 되며, 이 일이 지상에서 벌어지면 지상은 지옥이 된다.

천사들은 순수하고 빛으로 가득 찬 하느님 뜻의 세계로 우리를 인도한다. 천사들이 특별한 방법으로 그리스도를 둘러싸고 있는 것은 이런 까닭이다. 참으로 그들은 그리스도의 천사들이다. 천사들의 "거처", 천사들의 "본향"은 스스로를 성부께로 영원히 받으며 영원히 성부께 자신을 돌려드리는, 완전히 성부의 뜻에 따라 사시는 바로 그리스도이시다. 강생에서 승천에 이르기까지 그리고 "그분의 천사들과 함께"(마태 13,41) 다시 오시기까지, 예수님의 생애가 그렇게 천사들에게 둘러싸여 있다는 것은 결코 우연이 아니다.

특별히 감동적인 것은 예수께서 죽음에 이르기까지 마지막으로 당신 자신을 성부의 뜻에 맡기시는 고통의 시간에 천사들이 가까이, 함께했다는 것이다. 존 헨리 뉴만John Henry Newman은 『게론티우스의 꿈』에서 고통의 시간 속에 있는 천사들에 대해 언급하였다. 한낱 피조물이 죽음의 번뇌를 겪고 계시는 창조주를 위로하고 힘을 북돋아 드리도록 허락되었다는 것이 신비가 아닌가! 이것은 파스칼의 말처럼 "세상 끝날까지 번뇌하시는 그리스도께", 우리도 기도와 봉사를 통해 가까워질 수 있다는 유비가 아니겠는가!

그리스도인 영성생활의 위대한 스승들은 가시적 피조물과 비가시적 피조물의 다양한 유비들을 지적한다. 따라서 그들은 천사들의 삶에서 수도자 생활의 원형과 영성생활의 원형을 보았다. 천사들은 관상 속에서 하느님께 온전히 봉헌되었고, 동시에 하느님께서 원하시는 곳 어디라도 파견될 수 있도록 자신들을 내놓았다. 그들은 전 존재 안에서 "섬기라고 파견된 일꾼들"(히브 1,14)이며, 바로 거기에 그들의 존엄성과 거룩함이 있다. 이런 점에서 그들은 완전한 피조물의 원형이며, 교회 사명의 표징인 것이다.

기도와 사랑 안에서 천사들과의 친교는 창조가 땅에만 국한되지 않음을 깨닫게 한다. 천사들에 대한 신앙의 깨달음 없이, 창조의 비가시적 차원이 사라질 수 있으며 창조의 전 영역을 포괄하는 하늘과 땅, 영과 육, 자연과 은총의 상호 보완성도 사라지게 될 것이다.

천사들과의 친교 안에서 살아가는 것은 우리가 교회의 비가시적 차원을 망각하지 않도록 보호해 준다. 천사들에 대한 사랑과 공경은 우리 안에 실재에 대한 인식과 은총에 대한 친밀감을 더해 준다. 쉐벤J.M. Scheeben은 "은총에 대한 지극한 존경은 거룩한 천사들에 대한 크나큰 공경을 불러일으킨다. … 우리의 나약함으로 인해 은총을 잃어버릴까 두려워하면 할수록, 우리는 천사들의 보호와 수호에 우리 자신을 더욱 절실히 맡겨야 한다"고 말한다.

또 토마스 아퀴나스Thomas von Aquin도 "천사들은 우리에게 유익한 모든 선에 협력한다"[18]고 말하였다. 창조 행위 안에 세워진 비가시적 피조물과 가시적 피조물 간의 친교, 천사들과 현재의 합리주의보다 더 깊이 진리를 인식한 중세 그리스도의 실질적 우주와의 친교, 천사들과 인간의 친교는 창조주의 목적인 교회를 드러내는 예형이다.

셋째 묵상: 가시적 세계

공의회는 "신자들은 하느님 찬미를 지향하는 모든 피조물의 가장 깊은 본질과 가치와 목적을 인식해야 한다"[19]라고 말한다. 창조된 존재의 본성에 대한 인식은 인간의 사고와 활동에 대한 올바른 방향을 설정하기 위해서 필수적으로 요구되는 것이다.

창세기 첫 두 장의 주석은 전통적으로 그리스도교적 존재론에 대한 교의가 다루어지는 "장소"이며, 그리스도교 사상의 학교다. 여기서 그리스도교 구원론의 근본 전제인 어떤 철학적·형이상학적 중요 원칙들이 구체화된다. 세계를 피조물로 이해한다는 것은 존재에 대한 특정한 이해, 곧 "창조의 형이상학"을 포함한다. "6일 동안의 창조 업적"에 대한 성서적 표현은 그리스도교 대학자들에 의해 "창조의 형이상학"의 구체적인 설명으로 이해되었다. 그래서 아우구스티노Augustinus와 바실리오Basilius, 보나벤투라Bonaventura와 토마스는 이 "여섯 날"에 대해서 아주 상세한 주석들을 남겼다. 그러나 스콜라 신학은 이 신학적 주제를 점차적으로 등한시하게 되었다. 금세기에 칼 바르트와 로마노 과르디니가 "6일 동안의 창조 업적"의 신학적 해설을 시도하였다. 이들 외에는 그러한 시도가 거의 없었다.

이러한 무관심은 최근의 교리교수학에서 더욱 두드러지게 나타난다. 자연과학과의 갈등이 낳은 우려가 교리교수학에 너무도 강하게 영향을 주고 있다. 한편으로는 "갈릴레오 사건"에 대한 불안감과 다른 한편으로는 "근본주의"로부터의 분리가 창세기 첫 장을 창조 교리라기보다는 진부한 세계관의 표현으로 읽히도록 했다.

『가톨릭 교회 교리서』는 창조 교리 편에서 창조와 창조된 존재에 대한 진리를 드러내기 위해서 『6일 창조론』Hexameron을 살펴보고 있다. 교리서 본문에 붙인 다음의 해설들이 교회의 이해를 미리 설정하는 근본 문제들을 드러낼 것이다.[20] 첫째,[21] 다른 모든 것을 결정하는 첫째 교의는 무無에서의 창조다.[22] "창조주 하느님께 존재를 받지 않은 것은 없다." 라찡거 추기경[23]이 쓴 책의 제목이기도 한 "창조 신앙의 귀결"들이 얼마나 널리 영향을 끼치는지 완벽하게 생각할 수는 없다. 지성적·철학적으로뿐만 아니라 실존적으로도 그렇다. 그리스도께서 시에나의 성녀 카타리나Katharina von Siena에게 하신 말씀이 이러한 성찰의 기초를 제공한다: "나의 딸아, 너는 네가 누군지 그리고 내가 누군지 아느냐? 이 두 가지를 아는 것보다 더 복된 것은 없다. 나는 '복된 자'고, 너는 '그러하지 않은 자'다." 성녀의 전기를 쓴 카푸아의 복자 레이몬드Raymund von Capua는 주님께서 성녀 카타리나에게 가르친 다른 모든 것이 이 근본 체험 안에 씨앗처럼 자리 잡고 있다고 하였다.

창조된 존재는 신적 존재로부터의 필연적 유출이나 퇴락한 부분이 아니라, 하느님께서 당신의 지혜와 사랑으로 자유롭게 생각하고 원하신 것으로, 창조주께서는 "당신께서 계시니 제가 존재하나이다"라는 "당신"의 위치에 계신 것이다. 이제 이 근본 진리에 대한 일곱 가지 설명이 『가톨릭 교회 교리서』에 나오는데, 그 각각의 설명은 근본 진리의 측면을 밝혀 준다. 그래서 각 설명들은 묵상 주제로 삼을 만하다.

1. "피조물은 저마다 고유한 선과 완전성을 지니고 있다." 피조물은 진화의 여정 안에서 임의의 중간 기착지가 아니다. 고유한 존재를 지니기를 하느님께서 바라신 그들은 "고유의 안정성과 진리와 선", "고유의 법칙과 질서"를 갖추고 있는 존재들이라고 공의회는

말한다.²⁴ 교리서는 이 진리의 윤리적 귀결들을 강조한다: "이 때문에 인간은 각 피조물의 고유한 선을 존중하여, 창조주를 무시하는 일이나, 인간과 인간의 환경에 불행한 결과를 초래하는 사물의 무질서한 이용을 피해야 한다."²⁵

2. "하느님께서는 피조물들이 서로 의존하기를 바라신다." "이들의 무수한 다양성과 차별성의 장관은 어떠한 피조물도 스스로는 불충분함을 의미한다. 이들은 다른 피조물에 의존하여 서로 보완하며, 서로에게 봉사하면서 살아간다."²⁶ 이것은 인간에게도 적용되는데, 인간 존엄성 측면에서는 평등하나 그 재능에서는 대단히 다양한 존재다: "이러한 차이들은 하느님의 계획에 속하는 것으로, 하느님께서는 저마다 필요한 것을 남에게서 받기를 바라셨다."²⁷

피조물의 다양성은 영지주의가 가정하는 것처럼 우연한 것이 아니고, 네오플라토니즘이 추구하는 것처럼 제1 원인자로부터 떨어져 나온 것도 아니며, 오히려 하느님께서 의도하신 것으로 그분의 신적 본질의 완전함을 다양한 형태로 표현하는 것이다. 피조물과 초자연적 선물들의 이 다양성은 그리스도를 한 몸으로 하여 여러 지체로 이루어진 교회의 일치 안에서 완전히 드러날 수 있다.

3. "우주의 아름다움. 창조된 세계의 질서와 조화는 존재들의 다양성과, 그들 사이에 존재하는 관계의 다양성의 결과이다."²⁸ "피조물의 아름다움은 창조주의 무한한 아름다움을 반영한다. 이 아름다움은 당연히 지능과 의지를 가진 인간의 존경과 순종을 불러일으킬 수밖에 없다."²⁹

우주의 질서만이 아니라 우주의 이해 가능성 역시 경탄할 만하다. 아인슈타인Einstein은 "정말로 놀라운 것은 우리가 사물들을 이해한다는 사실이 아니라, 사물들이 이해 가능하다는 사실"이라고 말했다. 사물들은 익명의 혼돈에서 나오는 것이 아니라 신적 이성의 빛으로부터 나오는 것이기 때문에, 우리 이성의 빛이 "밝고" "빛나는" 것이다. 그래서 교회는 언제나 인간 이성과 하느님께서 주신 능력들의 위대한 수호자일 것이다. 그리고 이성을 선하게 사용하는 것은 언제나 신앙의 당연한 동반자가 될 것이다.

4. 피조물들 간에는 서열, 곧 "위계질서"가 있다. 이러한 사실은 교회의 위계적 제도를 위해 피조물들이 기여하고 있는 그 사실에 근거한다. 피조물의 질서가 우리에게 가르쳐 주는 것은 위계질서와 공동체는 서로 대립되지 않는다는 것이다. "하느님께서는 당신의 모든 피조물을 사랑하시고, 그 하나하나를 참새까지도 돌보신다."[30] 모든 피조물은 고귀하고, 각기 고유한 완전성을 지니고 있으며 공통적으로 피조성을 지니고 있다. 그래서 예수께서 이렇게 말씀하신다: "너희는 그 흔한 참새보다 훨씬 더 귀하지 않느냐"(루가 12,6-7). 또 "사람이 양보다 얼마나 더 귀하냐?"(마태 12,12).[31] 동등한 존재의 존엄성을 지닌 피조물들 간에는 또한 "위계질서"가 있으며, 우리는 제4 계명을 통해서, 그리고 보다 일반적으로 "사랑의 순서"를 통해서 이 사실을 기억할 수 있다.[32]

나에게 있어서 사랑의 순서에 대한 자각은 오늘날 가톨릭 사회 교리의 우선적 임무 가운데 하나로 여겨진다. 교리서에는 이에 대한 다양한 언급이 있다.[33] 이 부분들은 창조 질서에 대한 실제적인 인정에 관한 것이다.

5. "인간은 창조 업적의 절정이다." 피조물들 사이에 위계질서가 있다면, 그 위계질서에는 반드시 정점이 있어야 한다. "성령의 감도

를 받은 창조 이야기는 인간의 창조를 다른 피조물들의 창조와 분명하게 구별함으로써 이 사실을 드러낸다."[34]

이러한 성서적·그리스도교적 "인간중심주의"는 오늘날 광범위한 비판에 직면해 있다. 많은 사람들은 바로 이 인간관이 생태계 파국의 주범이라고 비난한다. "창조 업적의 절정"이 피조물의 가장 큰 위협이 되어 버린 것이다. 인간은 자연의 위험한 말썽꾼이다. 자연을 위해서는 차라리 사람이 존재하지 않는 것이 더 좋을 것이다.

이러한 지적과는 대조적으로 「사목헌장」Gaudium et Spes은 "지상에서 그 자체를 위하여 하느님께서 바라신 유일한 피조물인 인간"[35]이라고 단언한다. 이것은 또 다른 진술을 포함한다: "세상 만물은 인간을 그 중심과 정점으로 삼아야 한다는 의견에는 신자이든 비신자이든 거의 일치한다."[36]

오늘날에는 이러한 "거의 일치하는 의견"이 더 이상 없다. 인간을 "창조 업적의 절정"으로 보는 그리스도교적인 시각은 고대에도 이미 비웃음거리였고, 인간이 동물보다 우월하다고 교만하게 주장하는 것은 부끄러운 일이기도 했다. 더욱이 파스칼Pascal이 스스로에게 던진 질문은 "우주의 무한함 앞에서 인간은 무엇인가"라는 것이다. 근대는 인간의 무한한 자기 미화와 극단적인 자기 비하라는 두 가지 경향으로 특징지어진다.

대부분의 성당 천장에는 하느님의 이름이 새겨져 있는 데 반해, 크라카우에 있는 바벨의 주교좌 성당 시기스문드 경당에는 르네상스 시대의 한 대가가 천장에 자기 이름을 새겨 놓았다. 그리고 그는 스스로를 facto, 곧 창조자라 불렀다. 인간은 이제 창조주가 되었다. 스스로를 창조주로 자리 매김하는 이러한 찬양의 정점에는 인간을

"인간 기계"로 보는 시각이 자리하고 있어, 인간은 하나의 생산물로, "인간 자원"으로, 또 유물론에로 평가절하되고 만다. 이를 두고 슈페만Robert Spaemann은 "인간은 신과 동격이 되었다"고 요약하고 있다.

이 두 가지 흐름에서 공통적인 것은 피조물로서의 인간의 자기 이해가 상실되었다는 것이다. 점점 더 명백해지는 것은, 진실된 모든 인간 행위가 십계명의 첫째 계명 준수에 좌우되듯이, 인간관의 기초를 포함한 모든 것이 한 분이신 창조주 성부에 대한 믿음을 고백하는 신경의 첫 구절에 좌우된다는 것이다.[37]

따라서 더욱 중요한 것은 인간의 피조성에 대한 인식과 의미를 고양시키는 일이다. 「사목헌장」에서 공의회는 진지하고도 감동적인 그리스도교적 인간관에 대한 대헌장을 제시하였다. 오늘날 우리는 성령의 은혜인 슬기로움 안에서 인간의 위대함과 존귀함, 그리고 인간을 위협하는 것과 인간에 대한 소명의 미래적 전망을 제시해야 하며, 무엇보다도 이러한 전망이 삶으로 실현되도록 해야 한다.

이 인간학의 핵심은 인간이 하느님의 모습대로 창조되었다는 교의다.[38] 공의회의 이러한 인간학의 실현이 오늘날 가장 중요한 임무 중 하나다. 교황님의 교리적 가르침은 「사목헌장」의 중요한 주제들을 어떻게 다루어야 하며, 발전시켜야 할 것인지 길을 제시하였다. 그 주제들은 다음과 같다: 영혼과 육신의 단일체로서의 인간, 인격적 친교, 인간을 남자와 여자로 창조하심, 지성의 존엄, 도덕적 양심의 존엄, 자유의 우월성, 죄, 죽음의 신비, 무엇보다도 오직 그리스도의 빛 안에서 인간의 신비가 참으로 명백해진다는 것이다.[39] 여기서 우리는 교회가 값진 보화들을 질그릇에 담고 있으며, 이 보화를 현 시대에 개방하고 계속 나누어 주도록 불리었음을 편견과 교만이 아닌 큰 감사로 고백할 수 있다.

이 위대한 인간관에 대해 개별적으로 할 말이 많지만, 적어도 교리서 안에서 근본사상의 하나로 계속 반복해서 나오는 이 구절만은 말하고 싶다: "그 공통 기원으로 인류는 하나의 단일성을 지닌다."[40] 이 교의에 바탕을 두고 교황 비오 12세는 1939년 10월 20일 자신의 첫 회칙에서 나치의 인종주의에 대해 분명한 거부를 표명했다.「교회헌장」은 교회를 성사로, 인류 일치의 표징이자 도구로 명시한다.[41] 아래에 인용한 교황 비오 12세 회칙에 교회가 이미 인류의 시초부터, 그리고 창조의 기원들로부터 예시되어 있음이 분명하게 드러난다:

> 창조주에게서 비롯되는 우리 기원의 단일성 안에서 …, 물질적인 육체와 영적인 영혼으로 이루어진 본성의 단일성 안에서, 모두가 우선적으로 추구해야 할 목적의 단일성 안에서, 이 세상 삶에서 이룩할 사명의 단일성 안에서, 모든 사람이 천부의 권리를 통해 자신의 삶을 유지하고 발전시키기 위하여 사용할 수 있는 대지, 곧 주거의 단일성 안에서, 하느님 자신, 곧 모든 사람이 추구해야 할 초자연적 목적의 단일성 안에서, 이 목적에 도달하기 위한 방법의 단일성 안에서 …, 모든 이를 위하여 그리스도께서 이루신 구원의 단일성 안에서, 이 모든 것 안에서 인류를 바라본다는 것은 놀라운 장관입니다.[42]

"개인과 문화와 민족의 풍부한 다양성을 배제하지 않는 '인간의 유대와 사랑의' 이 법은 우리에게 모든 인간이 진정한 형제라는 것을 확신하게 한다."[43] 인류 가족은 곧 하느님의 가족이 되도록 창조되었고 부르심을 받았다.

이러한 공통된 기원의 연대성은 인류 가족의 친교에만 한정되지 않는다. 이는 보다 포괄적인 영역을 가지고 있으며, 교리서의 "여섯 날"에 대한 교리들이 이 포괄적인 영역을 다루고 있다. 그러므로 궁극적으로는 이 포괄적인 영역에 대해 다룰 필요가 있다.

6. "6일 동안의 업적"이 의미하는 바는 "모두 동일한 창조주께 창조되었다는 점과, 모두 다 창조주의 영광을 위하여 창조되었다는 점에서 모든 피조물은 서로 필요로 한다"[44]는 것이다. 모든 것을 포용하는 이 피조물들의 연대성은 교회 안에서 이미 "싹과 시작"[45]으로 제시된 새로운 창조를 예시한다. 오늘날 많은 사람들이 인식의 주체와 객체를 분리시키고 세계와 인간 정신을 분리시키는 근대의 데카르트적 분리를 극복하려고 시도하면서 인간을 우주 전체로 흡수시켜 버리려고 한다. 교리서는 피조물들의 그리스도교적 연대 방법을 프란치스코 성인의 「태양의 노래」를 통해서 보여 준다. 성인은 만물들이 하느님을 찬미하며, 형제인 태양 그리고 자매인 달과 혈연관계로 연결되어 있음을 깨닫고, 그들과 더불어 피조물로서의 헌신과 순종으로 하느님을 섬긴다.[46]

7. 모든 피조물이 당연히 피조물 자체가 지닌 교회적 목적을 나타내듯이, "6일 동안의 업적" 전체는 안식일을 그 고유한 목적으로 삼고 거기에 지향되어 있음을 보여 준다: "하느님께서는 엿샛날까지 하시던 일을 다 마치시고", "이렛날에는 모든 일에서 손을 떼고 쉬셨다"(창세 2,2)[47].

교리서는 이러한 지향에 대한 세 가지 결론을 제시한다:

첫째, 피조물은 최종적인 안식일, 하느님 나라 안에서의 완성을 고대하고 있다. 하지만 하느님의 업적은 이미 "완성되었고" 하느님께서는 만물에 기초를 놓으시고 변하지 않는 법칙을 심어놓으셨는데, 이는 하느님 계약의 성실성의 표시와 보증이 된다: "낮과 밤과 계약을 맺고, 하늘과 땅에 법칙을 정하여 준 것이 나 아니냐? 그런데 어떻게 야곱의 후손과 나의 종인 다윗의 후손을 저버리겠느냐? 그중에서 아브라함과 이사악과 야곱의 후손을 다스리실 자를 내지 않겠느냐? 나는 이제 이 백성이 가엾어서 그 운명을 바꾸어 주기로 하였다"(예레 33,25-26). 우리는 이유 없이 기도하고 있는 것이 아니다. 우리의 도움은 주님의 이름에 있으니, 그분은 하늘과 땅을 지으신 분이시로다. 하느님께서 당신 피조물에 성실하신 것처럼 당신 계약에 성실함을 보여 주신다면, 계약에 대한 우리의 충실은 우리가 그분의 창조와 창조의 질서들을 존중해야 할 의무가 있음을 뜻한다.[48]

둘째, "창조는 안식일을 위한 것이다. 곧 하느님께 대한 경배와 흠숭을 위해 이루어진 것이다. 하느님께 대한 경배는 피조물의 질서 안에 새겨져 있다. 성 베네딕도의 규칙서는 '어떠한 일도 하느님의 일에 앞설 수 없다'고 규정하고 있는데, 이는 우리 관심사의 올바른 순서를 말하는 것이다".[49] 이스라엘은 이미 피조물이 그 자체로 존재할 수 없음을 알았다. 피조물의 목적은 하느님 찬미이며, 그 안에 인간과 모든 피조물의 행복이 있다. 교리서는 제1차 바티칸 공의회를 인용하며 우리에게 "세상은 하느님의 영광을 위하여 창조되었다"는 점을 상기시킨다.[50] 교리서는 성 보나벤투라의 해설을 통해 이 점을 설명한다. "하느님께서 만물을 창조하신 것은 '당신의 영광을 더하기 위해서가 아니라 그 영광을 드러내고 나누시기 위해서이다'".[51]

셋째, "6일 동안" 창조하신 후에 하느님께서 쉬시며 숨을 돌렸듯이, 안식일은 또한 해방을 기억하게 한다(출애 31,17). 그러므로 "인간도 역시 '쉬어야' 하고, 다른 사람들, 특히 가난한 사람들도 '숨을 돌리게' 해 주어야 한다"(출애 23,12 참조).[52] 따라서 안식일은 위대한 해방, 즉 이집트 종살이로부터의 탈출과 밀접하게 연관되어 있고 여기서 우리는 교회의 예형을 보게 된다. 교회는 주님께서 약속하신 휴식의 장소가 될 것이며, 죄의 종살이라는 멍에로부터 우리를 해방시키는 영역이 될 것이다.

지금까지 언급하지 않았지만, 앞으로 다룰 주제는 악과 악의 세력으로부터의 해방에 관한 질문이다. 이 주제를 다루기 전에, 결론적으로 창조에 관련된 주제를 하느님의 섭리로 이야기하려고 한다.

넷째 묵상: 하느님께서는 당신의 계획을 실현하신다
— 하느님의 섭리[53]

성 토마스 아퀴나스는 세상을 떠나기 1년 전인 1273년 나폴리에서 「사도신경」에 대해 나폴리 방언으로 몇 차례 강론하였다. 신경의 첫째 항목에 대한 토마스의 강론은 이렇게 시작된다:

> 신자들이 의무적으로 믿어야 하는 모든 것 중에서 첫 항목은 한 분이신 하느님이 계시다는 것이다. 다음으로 확실하게 해야 할 것은 "하느님"이라는 이 단어가 무엇을 의미하는가에 대한 것이다. 이 단어는 모든 사물의 지배자요 인도자라는 뜻과 다름없다. 하느님을 믿는다는 것은 세상의 모든 사물이 그분에 의해 지배되고 인도됨을 믿는 것이다. 모든 일들이 우연히 생겨났다고 믿는 사람은 한 분이신 하느님이 계시다는 것을 믿지 않는 사람이다.

하느님에 대한 믿음과 그분 섭리에 대한 믿음은 분리될 수 없다. 창조주 하느님을 믿는다는 것은 그분을 오직 당신 피조물의 "지배자요 인도자"로 믿을 때 가능한 것이다. 여기서 지배하고 인도한다는 말은, 무엇인가를 그 목적으로 이끈다는 것을 의미한다. 하느님은 피조물을 그 목적으로 이끄시고, 그 완성으로 이끄시며, 하느님 나라로 이끄시고, "보편 교회 안에서 하느님 아버지 앞"[54]으로 이끄시며, 삼위일체이신 하느님과 의인들과의 완전한 친교로 이끄신다. "당신의 피조물을 이러한 완전으로 이끄시는 하느님의 배려를, 우리는 하느님의 섭리라고 부른다."[55] 제1차 바티칸 공의회는 "하느님께서는 당신께서 창조하신 모든 것을, 당신의 섭리로 보호하시고 다스리신다"[56]고 하였다.

"육신 부활"에 대한 주제와 함께 초대 그리스도교의 신학과 복음 선포에서 하느님의 섭리라는 주제만큼 집중적으로 거론되었던 신앙의 교의는 없었다. 고대사회는 고작해야 보편적인 신적 섭리만을 알 뿐이었다. 신이 개인이나 구체적인 사건들까지 일일이 수고스럽게 개입한다는 사상은 고대 사람들에게는 낯선 것이었다. 특히 신과 사람 양자를 포괄하는 벗어날 수 없는 운명에 대한 믿음이 모든 것을 압도했다. 성서의 한결같은 증언은 이와는 판이하다: "하느님의 섭리는 구체적이고 직접적이어서 미소한 것에서부터 세계와 역사의 큰 사건들까지 모두 보살핀다."[57]

성 토마스는 "하느님께로부터 창조되지 않은 어떤 것도 존재할 수 없는 것처럼, 그분의 지배에 속하지 않은 어떤 것도 존재할 수 없다"[58]고 말한다. 피조물은 전체 또는 부분, 지금 당장 또는 지속적으로 언제나 하느님 손에 맡겨져 있다는 것을 받아들이는 것, 이것은 의심할 여지 없는 창조 신앙의 결정적인 시금석이다: "우리 하느님은 하늘에 계시어 원하시는 모든 일을 하실 수 있다"(시편 115,3).

하느님의 절대적 주권에 대한 믿음은 무한한 위안을 준다. 모든 성인들은 이러한 사실에 아주 깊게 감화되었다. 『가톨릭 교회 교리서』는 우리에게 교회의 두 여성 학자 — 지금까지 오직 두 분 — 의 증언을 제시한다. 그 첫째는 시에나의 성녀 카타리나의 말씀이다: "모든 것은 사랑에서 나오며, 모든 것은 인간의 구원을 위하여 있습니다. 하느님께서는 이 목적이 아니면 아무것도 하지 않으십니다."[59] 또 다른 증언은 아빌라의 성녀 데레사Theresia von Avila의 유명한 위로의 시다:

그 무엇에도 너 흔들리지 말며
그 무엇에도 너 두려워하지 마라.
모든 것은 지나가는 것
하느님께서만 변치 않으신다.
인내는 모든 것을 얻는다.
하느님을 가진 자는 부족함이 없으니
하느님만으로 충분하다.[60]

우리는 하느님이 누구신지 몰라도, 그분이 계시다는 것은 안다. 우리는 하느님의 섭리가 어떻게 작용하는지는 모르지만, 그분께서 모든 것을 최종 목적으로 이끄신다는 것을 안다. 우리는 하느님 섭리의 길을 미리 알지 못하지만, 우리의 길 중에 어떠한 것도 그분의 섭리 밖에 놓여 있지 않다는 것을 안다. 1955년 교황 비오 12세는 역사가들에게 말씀하셨다: "가톨릭 교회는 모든 사건들이 하느님 섭리의 의지나 허락에 의해 발생한다는 것과 하느님께서는 역사 안에서 당신의 의도를 채우신다는 것을 알고 있다."

이제부터, 우리는 하느님의 탁월한 섭리에 대한 경이롭고도 본질적인 진리를 다음 세 측면에서 고찰해 볼 것이다. 이것들은 교회의 예형을 나타낸다:

a) 하느님은 제1 원인이시다 — 부차적 원인인 피조물들
b) 섭리와 기도
c) 섭리와 고통

a) 하느님은 모든 것을 행하신다 — 그분의 피조물은 스스로 행한다

교황 비오 11세가 "현대의 가장 위대한 성인"이라 칭하셨고, 교회 박사로 선언될지도 모를 — 25개 주교회의가 교황께 청원을 올렸다 — 아기 예수의 성녀 데레사는 이렇게 이야기했다: "하느님은 이 세상에서 선을 행하시기 위해 … 그 누구도 필요로 하지 않으신다"(『자서전 유고』 3v). 성녀는 또 이렇게 말하였다: "능하신 하느님께서는 아무것도 아닌 것을 이용해서 당신 권능을 보이시고자 하셨다."[61] 성녀는 이렇게도 말했다: "예수께서는 당신 사업을 이루시기 위해서 아무도 필요로 하지 않으셨다."[62] 그러나 또 "그분은 기적을 행하시기 위해 가장 보잘것없는 도구들을 사용하신다"고 말했다.[63]

하느님은 탁월하게 행하신다. 그분에게는 불가능한 것이 없다(참조: 루가 1,37; 마태 19,26). 그렇다면 도대체 피조물은 무엇을 할 수 있는가? 아니면 하느님 홀로 그분만이 보편적이고 실제적인 원인이신가? 이 질문은 피조물의 존엄성에 대한, 특별히 인간 존엄성의 가장 깊은 근거를 다룸과 동시에 교회와 교회 활동의 기초를 다루고 있다.

여기에 대한 성 토마스의 답변은 지극히 중요하다: 하느님은 당신의 피조물들을 단지 있게 하실 뿐 아니라, 각자 자신의 방식대로 행하게 하신다. 바로 여기에서 하느님 창조 업적의 비교할 수 없는 극치가 드러난다. 즉, 하느님은 모든 피조물들에게 각기 고유한 존재를 주시고, 존재와 성장 안에서 이 고유한 존재를 유지하신다. "하느님께서는 당신의 피조물을 단순히 거기 있게만 하신 것이 아니라, 스스로 행동하고, 서로가 서로에게 원인과 근원이 되며, 이로써 하느님 계획의 실현에 협력하는 품위도 주셨기 때문이다."[64]

이 사실은 특별히 하느님 창조의 기적인 인간 자유 안에서 나타난다. 바울로는 "두렵고 떨리는 마음으로 여러분 자신의 구원을 위해서 힘쓰십시오. 여러분 안에 계셔서 여러분에게 당신의 뜻에 맞는 일을 하고자 하는 마음을 일으켜 주시고 그 일을 할 힘을 주시는 분은 하느님이십니다"(필립 2,12-13)라고 말했다. 하느님께서 우리 안에 일하시기 때문에 우리도 일해야 한다는 것은 역설이 아닌가! 순수이성의 단계에서는, 이 신적 자유와 인간 자유의 상호 연관이 불가해한 것이다. 하지만 이 상호 연관을 이해하기 위한 방법들이 있다.

우리는 뜻밖에도 이 방법들 중 하나를 교리서 제3편의 인간과 사회에 대한 장에서 발견한다:

> 하느님께서는 모든 권능 행사를 하느님 혼자서만 차지하기를 바라지 않으셨다. 하느님께서는 각 피조물들에게 그의 본성의 능력에 따라 행사할 수 있는 기능을 맡기신다. 인간 공동체를 다스리는 사람들은 인간의 자유를 철저하게 존중하시는 하느님의 통치 방식을 본받아야 한다. 그들은 하느님 섭리의 봉사자로서 행동해야 한다.[65]

그리스도교 사회 교리는 "하느님의 기준", 곧 당신 피조물들의 능동적 행위를 원하시고 이루게 하시는 하느님 섭리를 기준으로 삼고 있다. 보조성의 원리는 신적 섭리가 작용하는 방식을 적용한 결정체다. 자유에 대한 존중은 또 다른 결정체다. 우리는 하느님께서 뜻하시고 지속시켜 주시는 인간 자유의 이 비전 안에서 그리스도교적 휴머니즘의 뿌리를 발견한다. 성 토마스는 그리스도교적 휴머니즘을 고전적으로 명백하게 구성하였다: "지배자가 피지배자에게 완전함을 더 많이 나누어 주면 줄수록 그 지배는 더욱더 완전해진다." 성 토마스는 훌륭한 선생은 제자들을 가르치는 것뿐 아니라 제자들이 다른 사람에게 스승이 되도록 한다는 말로 이 점을 설명했다.[66] 달리 말하면 피조물들을 가능한 한 창조주와 닮게 하는 곳에서 하느님의 창조 업적과 섭리가 가장 완전하게 이루어진다. 여기에서 다시 하느님 모습에 대한 교의를 살펴보자.

당신 피조물들이 능동적인 활동을 하는 것이 하느님의 기쁨이다. 하느님의 섭리는 하느님의 의도가 이루어지는 곳에서 그 완전함이 증명된다. 창조주께서는 창조적 피조물 안에서 가장 밝게 빛나신다. 창조주께서는 당신의 피조물들이 낮추어진다고 높아지는 분이 아니시다. 그런 식의 잘못된 하느님, "현양"에 맞서서 성 토마스는 이렇게 말한다: "피조물들의 완전성을 폄하하는 것은 하느님 권능의 완전성을 폄하하는 것이다. … 피조물들의 능동적인 행위를 부인하는 것은 하느님의 선하심을 부정하는 것이다."[67]

반면 피조물들의 활동과 그들의 완전성에 기쁨을 느끼는 사람은 누구나 창조주와 그분의 섭리를 찬미한다. 좋은 음식을 보고 느끼는 소박한 기쁨, 유능한 장인匠人의 작품에 대한 경의, 일이 성공했을 때 따라오는 만족감, 어떤 헌신적이고 친절한 행위로부터 받는 감동 … 이 모든 것들 안에서, 우리가 깨닫거나 깨닫지 못하거나 간에, 당신 피조물의 작품들을 통해 빛나는 하느님의 영광을 드러낸다. 이러한 체험의 기쁨을 아는 사람은 그 뜻을 알 것이고, 이러한 기쁨을 맛보는 일은 결코 그냥 지나쳐 버릴 수 없는 것이다. 이러한 기쁨으로 교회는 회칙 「어머니요 스승」Mater et magistra의 직무를 수행한다. 교회는 피조성에 대한 전적인 긍정에 의해 살아가며, 창조주에 대한 신앙의 현실적인 기쁨을 부끄러워하지 않는다.

우리 시대의 위험은 이 단순한 기쁨을 더 이상 수용할 수 없는 죽은 감수성이라 하겠다. 창조를 믿는다는 것은 창조주께서 당신 피조물에게서 기대하시는 위대한 일들을 믿는다는 것이다. 본인의 생각으로 오늘날 교회의 가장 심각한 위기는 하느님께서 당신이 사랑하시는 사람들의 선익을 위해 하실 수 있는 일들을 우리가 더 이상 믿지 않는 데 있는 것 같다(로마 8,28 참조). 전통적으로 영적 스승들은 이러한 정신과 마음의 무감각을 acedia, 곧 영적 무기력이라고 불렀다. 이 영적 무기력은, 에바그리오Evagrius가 "영혼의 침체"라고 했듯이, 세계와 사람들 각자의 삶에 우울한 회색빛 색조를 칠해 버리고, 모든 것의 향기와 반짝거림을 앗아가 버렸다. 오늘날 교회 안에 우울한 그림자가 그토록 많이 드리워져 있는 주된 이유는 우리가 하느님의 대담한 요구들에 충분히 응답하지 않기 때문이며, 모든 것을 다해서 우리 자신을 하느님의 협조자(1코린 3,9 참조)로 내드리지 못한 데 있다.

피조물에게, 하느님께 자신을 전적으로 내드리는 것보다 더 큰 자기 완성은 없다.

b) 섭리와 기도

하느님께서는 자유와 고유한 역할 때문에 우리를 신뢰하시고 또 우리 힘으로 할 수 있는 것보다 더 큰 일을 기대하신다. 우리가 할 수 있는 일을 뛰어넘어 "당신" 사업에 협조하기를 원하신다.

다시 한 번 아기 예수의 성녀 데레사의 표현을 인용해 보자:

> 어느 날, 내가 사람들의 구원을 위해서 무엇을 할 수 있을지를 생각하고 있을 때, 복음의 한 말씀이 참된 빛을 내게 비추었다. 옛적에 예수께서는 잘 익은 밀로 가득 찬 밭을 보여 주시며 당신 제자들에게 말씀하셨다: "저 밭들을 보아라. 곡식이 이미 다 익어서 추수하게 되었다"(요한 4,35). 그리고 잠시 후 또 이렇게 말씀하셨다: "추수할 것은 많은데 일꾼이 적으니 그 주인에게 추수할 일꾼들을 보내 달라고 청하여라"(마태 9,37-38). 이것은 하나의 신비다! … 예수께서는 전능하신 분이 아니셨던가? 피조물들은 그분이 만드신 것이 아니었던가? 그런데, 왜 예수께서는 "주인에게 추수할 일꾼들을 보내 달라고 청하여라"라고 말씀하시는가? 왜? … 그것은 예수께서 우리를 헤아릴 수 없이 사랑하셔서 우리도 인간의 구원에 한몫하기를 바라시는 까닭이다. 그분은 우리 없이는 어떤 일도 하려고 하지 않으신다. 우주의 창조주께서 당신 피의 대가로 구원된 한 비천하고 가련한 영혼으로 하여금 다른 영혼들을 구하도록 기다리고 계시다.[68]

우리는 우리의 행위와 역할을 통해서 하느님의 섭리에 협력한다. 우리는 기도를 통해서 하느님과 함께 일하고, 그분께서는 우리가 달성할 수 있는 것보다 더 큰 무엇을 이루신다. 그분은 우리 없이는 어떤 일도 하지 않으시고 "우리를 통해서", 그리고 "우리와 더불어" 더 큰 일들을 하고자 하신다. 파스칼은 『팡세』에서 이렇게 묻고 대답한다: "하느님은 왜 기도를 제정하셨는가? 당신 피조물에게 원인의 존엄성을 부여하기 위해서(659/513)."

성 토마스는 기도에 대한 질문 항목에서 이렇게 설명하였다: "어떤 일은 우리 능력 범위 안에 있기 때문에 우리가 할 수 있는 일이 된다. 다른 어떤 일은 우리 능력 범위 밖에 있음에도 불구하고, 우리가 그 일을 할 수 있는 사람에게 요청할 때 이루어지게 된다."

성 토마스에게 청원기도는 기도의 원초적 형태다. 이것은 우리가 도움을 필요로 하고, 하느님께 의지하고 있다는 것을 보여 주는 것이다. 하느님께서는 우리가 단지 청하기만 해도 참으로 이루신다는 것을 인정하는 것이다. 이런 까닭에 청원기도는 언제나 하느님께 드리는 경배와 찬미, 그리고 감사의 요소를 지니고 있는 것이다.

다시 아기 예수의 성녀 데레사에 대해 말해 보자. 나는 성녀가 "나의 첫 아이"라고 부른, 세 번의 살인을 저지른 프란지니Pranzini를 위해 바친 기도를 생각한다. 성녀는 예수의 무한한 자비 안에서 살인범의 회개를 완전히 확신했기에 그의 회개를 위해 하느님께 청한다. 뉘우침의 표시도 없이 단두대에 올랐던 프란지니는 갑자기 십자가를 붙들고 예수님의 상처에 세 번 입 맞추었다. 성녀는 이에 고무되어 "영혼을 구하고자 하는" 강한 의욕에 불타게 된다.[69]

이렇게 성녀 데레사의 기도는 그녀가 행한 것보다 더 많이 하느님의 구원 계획에 협력하였다. 하느님께서는 우리가 당신에게 협조하기를 원하신다: "우주의 창조주께서는 다른 사람들의 구원을 위해서 바치는 한 비천하고 가련한 영혼의 기도를 기다리신다."

c) 섭리와 고통

1985년 세계 주교 대의원회의 임시총회에서 결코 잊을 수 없는 일이 있었다(그때 교부들이 교황께 새로운 교리서가 필요하다는 청원을 드렸다). 11월 28일 토마섹Tomasek 추기경은 다음과 같은 말로 연설을 맺었다:

> 우리는 하느님 나라를 위해 일해야 한다. 이 일은 아주 중요한 일이다. 우리는 하느님 나라를 위해서 기도해야 한다. 우리는 십자가에 달리신 그리스도와 함께 하느님 나라를 위해 고통을 받아내야 한다. 바로 이 일이 전부다.

추기경이 연설을 마쳤을 때, 우리 모두는 자발적으로 일어나 이 신앙고백에 갈채를 보냈다. 일, 기도 그리고 수난, 바로 이 순서인 것이다! 바로 여기서 우리는 수난의 신비, 십자가의 신비를 만나게 된다.

왜 이것이 하느님 계획의 실현과 하느님 나라에 협력하는 일의 전부이며 종착지인가? 하느님의 구원 계획에 있어서 도덕적·신체적 악 또 고통의 역할은 무엇인가? 어떻게 하느님의 선하신 창조 사업 안에 "고통"이 자리하게 된 것인가? 하느님께서는 왜 악을 용인하셨는가? 그리고 하느님께로 이르는 길의 목적지인 교회로 이르는 길이 왜 십자가의 길인가?

이 질문은 우리 묵상 안에 계속해서 제기될 것이다.

이제 장 다니엘루 추기경의 말씀으로 교회 예형으로서의 하느님의 창조 계획에 대해 할애한 첫날 묵상을 마무리하고자 한다:

하느님께서 우리를 창조하신 것은 오직 우리가 그분의 행복을 함께 나눌 수 있게 하기 위함이었다. 하느님께서 우리를 영원히 그분의 생명에 참여하도록 하기 위해 창조하신 것이 아니라면, 우리 실존은 결코 정당화될 수 없었을 것이고 세상은 허무맹랑했을 것이다. 오직 하느님 사랑의 의도에 대한 믿음 안에서 세상은 그 자신의 의미를 발견하게 한다. 세상은 지복을 위해서 그리스도 안에 운명지어져 있다는 것에서 정당성을 찾을 수 있다. 이것이 바로 "선하신 하느님께서 이토록 불행과 고통으로 가득 찬 세계를 창조하셨을 리가 없다"고 반대하는 사람들 모두에게 주는 응답이다. 바울로 사도는 이렇게 답했다: 하느님께서는 이 모든 것을 통하여 결정적으로 하느님의 도시, 곧 당신 자녀들이 삼위일체의 빛 안에서 노닐게 될 도시를 건설하고자 하시며, 이런 하느님의 뜻은 반드시 이루어지게 될 것이다.[70]

주

[1] 환시 2, 4, 1.

[2] 교리서 760항.   [3] 교리서 760항.

[4] 교회헌장 2항.

[5] Fr. P. Marie-Eugène de l'Enfant Jésus, *Je veux voir Dieu* (Venasque 1988) 657.

[6] H. de Lubac, "Ansprache an die Fastenprediger in Rom", *Die Kirche. Eine Betrachtung* (Einsiedeln 1968) 55.

[7] Hugo Rahner, "Mysterium Lunae", *Symbole der Kirche* (Salzburg 1964) 참조.

[8] 교회헌장 1항.

[9] Karl Barth, *Kirchliche Dogmatik* III/1, §41, 3, 1945, 258-377.

[10] 교리서 199, 281항 참조.

[11] 교리서 760항; cf. Fr. P. Marie-Eugène de l'Enfant Jésus, 앞의 책 657 참조.

[12] 교회헌장 2항.

[13] P. Gordan (Hrsg.), *Lob der Erde*, Graz - Wien - Köln 1994, 31-62.

[14] 교회헌장 8항.

[15] Karl Barth, *Dogmatik* III/3, §51, 2, 1950, 490f.

[16] 교회헌장 7항.

[17] R. Guardini, *Der Engel des Menschen* (München 1953).

[18] 교리서 350항. [19] 교회헌장 36항.

[20] 교리서 337-349항. [21] 교리서 338항.

[22] 교리서 296-298항.

[23] *Im Anfang schuf Gott* (Einsiedeln 1996).

[24] 사목헌장 36항.

[25] 교리서 339항.

[26] 교리서 340항.

[27] 교리서 1937항. [28] 교리서 341항.

[29] 교리서 341항. [30] 교리서 342항.

[31] 교리서 342항. [32] 교리서 2197항.

[33] 교리서 1934-1938항 참조.

[34] 교리서 343항.

[35] 사목헌장 24항. [36] 사목헌장 12항.

[37] 교리서 199항 참조.

[38] 사목헌장 12항 참조. [39] 사목헌장 12-22항 참조.

[40] 교리서 360항.

[41] 교회헌장 1항 참조.

[42] 교리서 360항.

43 교리서 361항.
44 교리서 344항.
45 교회헌장 5항.
46 교리서 344항 참조.
47 교리서 345항.
48 교리서 346항 참조.
49 교리서 347항.
50 교리서 293항.
51 교리서 293항.
52 교리서 2172항.
53 교리서 302항.
54 교회헌장 2항.
55 교리서 302항.
56 교리서 302항.
57 교리서 303항.
58 신학대전 I, 103, 5.
59 교리서 313항.
60 교리서 227항.
61 편지 220/2.24.1897.
62 편지 221/3.19.1897.
63 편지 201/1.11.1896.
64 교리서 306항.
65 교리서 1884항.
66 신학대전 I, 103, 6.
67 *Summa contra gentiles* 3,69.
68 편지 135/8.19.1892.
69 *Autobiographical Writings*, Manuscript A, 45v-46v.
70 J. Daniélou, *Gebet als Quelle christlichen Handelns* (Einsiedeln-Freiburg 1994) 123.

제 2 장

옛 계약에서부터 준비된 교회

첫째 묵상: 악은 어디에서 오는 것인가?

죄라는 극적인 사건 없이 교회의 의미를 이해할 수는 없다. 죄로 인해 하느님과 인간, 인간과 인간 사이의 친교가 단절되었다는 사실이 하느님께서 당신의 계획을 드러내시고, 선택한 구체적인 인물을 통해 당신의 피조물들을 당신의 생명에 참여케 하시는 이유를 알 수 있게 한다.

다니엘루 추기경은 이렇게 말하였다: "하느님의 계획은 죄와 악이라는 비극에 의해서 좌절되었다. 비록 악이나 죄 그 자체가 하느님의 계획을 방해할 수는 있겠지만, 하느님의 계획을 결코 수포로 돌아가게 할 수는 없다. 첫 남자와 첫 여자를 낙원, 즉 당신의 복락 안에 두신 하느님께서는 죄의 비극을 통해서만이 아니라, 더 나아가 당신 아들의 희생까지도 죄의 비극 안으로 끌어넣으시면서 당신의 목적을 계속 추구해 가신다. 창조의 신비는 이러한 하느님 사랑의 계획에 대한 악의 반발이라는 갈등을 거쳐 구원의 신비가 된다."[1]

교회에 대한 준비는 인간이 죄로 인하여 하느님과의 친교를 잃어버렸던 그 순간부터 시작되었다. "말하자면 죄로 야기된 혼돈에 대한 하느님의 반작용이 바로 교회라는 불러모음이다."[2] 인류를 새롭게 모으는 방법들이 영성 수련 둘째 장의 주제다. 첫째 우리는 원죄라는 극적인 사건을 묵상할 것이고, 둘째 원복음과 계약들, 셋째 노아의 계약에 대해서, 넷째 하느님에 의해 결코 취소된 적이 없는 계약, 즉 구약에 나타난 사랑의 역사를 묵상할 것이다.

여기서 우리의 시각은 단순히 과거에 대한 것이 아니라, 교회의 영속적인 차원을 향하고 있다. 하나이며 같은 교회는 세상 창조 때 이미 그 바탕이 놓였고, 옛 계약에서부터 준비되어졌으며, 마지막 때 세워졌다. 한 개인의 삶 안에 창조의 질서 그리고 준비와 완성의 시간이 동시에 자리하고 있는 것처럼, 교회의 전체 여정에도 지금까지 이루어진 교회 설립의 모든 연륜이 자리하고 있다. 이 묵상은 교회의 기다림의 시기에 대한 것이다. 따라서 이 묵상이 우리 안에서 구세주에 대한 열망을, 아울러 우리 시대 안에, 사람들과 민족들의 삶 안에 그분의 오심에 대한 감각을 새롭게 일깨울 수 있기를 바란다.

"원죄의 신비, 악은 어디에서 오는 것인가?"라고 성 아우구스티노는 『고백록』(7.1.1)에서 묻고 있다. 인류의 오래된 이 질문에 대해 어떠한 연구나 탐구도 충분히 만족할 만한 해답을 발견하지 못하였다. 이 "악의 신비"(2데살 2,7 참조)는 오직 "경외의 신비"(1디모 3,16 참조) 안에서만 그 실체가 밝혀진다. "그러므로 우리가 악의 기원 문제를 숙고할 때, 악을 홀로 정복하신 그분께 우리 신앙의 눈길을 고정시켜야 한다."[3]

역사적인 연구나 철학적인 탐구를 통해 원죄의 실제성을 알 수는 없다. 원죄의 실체는 하나의 계시된 진리로서, 계시의 빛 안에서 많은 인간적인 경험들이 확연히 드러나고 이해될 수 있는 것처럼 원죄의 실체가 그렇게 경험에 의해 파악되는 것이 아니다.

원죄의 전체 윤곽과 진정한 범위는 오직 그리스도에 의해서 측정될 수 있다. "죄의 원천인 아담을 알기 위해서는 은총의 원천으로서 그리스도를 알아야 한다. 세상의 구원자를 드러내 보이시어 '죄에 관한 세상의 그릇된 생각을 꾸짖어 바로잡아 주시는'(요한 16,8) 분은, 바로 부활하신 그리스도께서 파견하신 파라클리토 성령이시다."[4]

오직 예수님의 이름으로만 구원이 있다는 것과 그분이 모든 사람들의 구세주라는 인식은 원죄의 결과들에 대한 전체적인 윤곽을 깨닫게

한다: "예수님께서 모든 사람의 구원자이시며, 모든 사람에게 구원이 필요하고, 그 구원은 그리스도의 은총으로 모든 사람에게 주어진다."[5]

『가톨릭 교회 교리서』는 "그리스도의 생각을 가진 교회는(1고린 2,16 참조), 그리스도의 신비가 손상되면 원죄의 계시 역시 올바로 접근할 수 없다는 것을 잘 알고 있다"[6]라고 강조한다.

여기에 우리 신앙을 위해 우리의 생명과도 같이 소중한 것은 이미 살았던 사람과 지금 살고 있는 사람 그리고 앞으로 살아갈 사람 모두가 한 사람의 순종으로 말미암아 혜택을 누리며, 이 한 사람 안에서 모두가 결합된다는 확신이다.

어떻게 오직 한 사람의 행위가 모든 사람에게 그러한 결과를 초래할 수 있을까? 여기에 그리스도교 구원론의 근본 바탕이 있다. 만일 그리스도의 죽음과 부활이 단순히 외적 본보기의 의미를 가지는 것이 아닌 모든 시대를 포함하는 하느님의 화해 행위라면, 이는 모든 사람들에게 효력을 미치는 행위임에 틀림없다. 그렇다면 우리는 어떻게 기도해야 하는가? "주님께서는 십자가로 온 세상을 구원하셨나이다. 예수 그리스도님, 경배하며 찬송하나이다." 혹은 감사기도 제3양식에서 "주님, 이 화해의 제물이 온 세상의 평화와 구원에 이바지하게 하소서"라고 기도할까? 이 기도는 그리스도의 보편성 그리고 유일한 중재자이신 그분께 대한 것이다.

여기서 모든 인간을 위해 행하신 예수님의 업적을 증명하기에는 인간의 연대성만으로는 너무나 부족하다. 그 이유는 하느님께서는 예수님을 인류의 머리로 삼으셨고, 모든 것이 "그분을 통하여, 그분 안에서" 창조되었기 때문이며, "그분은 모든 것에 앞서 계시고, 모든 것은 그분 안에서 존속하기"(골로 1,16-17) 때문이다. 따라서 "죽기까지, 십자가에 달려서 죽기까지 순종한"(필립 2,8) 그분의 행위 안에 전 인류가 결합되며, 아울러 하느님께서는 그분을 통하여 "모든 것이 그리스도를 머리로 하여 하나가 되도록"(에페 1,10) 하시려는 당신 계획을 그분의 몸인 교회를 통하여 실현할 수 있는 것이다.

한 인간의 순종치 않은 행위가 모든 사람들을 비구원에 이르게 했음을 받아들여야 하는 것이 단순한 신학적 결론인가? 우리 선조들의 실제 행위를 받아들이는 것이 근본주의인가? 근본주의는 선조들의 실제 행위를 성서의 상징어 그대로 받아들이는 것일지도 모른다. 인류는 같은 본성과 동일한 기원에 의해 하나의 가족을 형성한다는 성서의 일치된 신앙의 증거를 참되고 유효한 것으로 받아들이는 것은 좀 다른 성격의 문제다(참조: 창세 3,20; 5,1-2; 1역대 1,1; 지혜 10,1; 욥기 15,7; 집회 49,17; 말라 2,15; 토비 8,6; 사도 17,26). 이러한 수용은 모든 인간들은 동등한 존엄성을 지녔다는 확신처럼 원죄론을 위한 하나의 전제 조건인 것이다.

원죄를 이해하기 위해서는 보다 광범위한 성서적 근본 사상이 필요한데, 그것은 아담과 하와라는 원조들 안에 모든 인류가 "마치 한 사람의 한 몸과 같이"(성 토마스)[7] 있다는 것이다. 그들의 소명은 개별적인 것이 아니라 한 몸의 지체처럼 모든 후손과 연관되는 것이다. "선과 악을 알게 하는 나무 열매를 먹지 말라"고 한 하느님의 계명에 의해 "자유에 대한 시험"에 전 인류의 운명이 달려 있었던 것이다.[8] 그래서 그들 개인의 죄가 동시에 그들의 품 안에 간직된 전 인류의 죄가 되었다. 이러한 이유로 모든 인간은 하와의 유배된 자녀로서 이 세상에 왔다. 우리 원조들이 잃어버린 것을 그들의 모든 자녀들도 가지지 못하게 되었다. 이러한 결핍을 우리는 원죄라고 부른다.

신앙의 유추는 우리가 모든 인간에게 끼친 한 인간 소명의 영향력을 더 깊게 이해하는 데 도움을 줄 수 있다. 마리아에게 알림은 하느님께서 인류 역사의 모든 무게를 한 인간의 손 안에 내려놓으시는 유일무이한 순간이었다. 클레르보의 성 베르나르도Bernhrad von Clairvaux는 그의 강론 "가브리엘 천사의 파견"(IV,8)에서 이 순간을 아주 잘 묵상하였다. 모든 피조물은 희망과 긴장으로 마리아를 바라보며, 마리아가 모든 인간의 운명이 달려 있는 "예"라는 수락의 말을 하도록 청한다. 성 토마스는 여기에 대해 마리아는 "인류 전체를 대표하여 그대로 이루어지소서"(『신학대전』 III, 30, 1)[9]라고 응답했다고 덧붙였다.

이 순간의 실재성은 우리 원조들의 소명을 이해하기 위해서 가장 적합한 신앙의 유추인 것이다. 모든 역사의 사건 속에 있는 전 인류 가족의 운명이 마리아에게 달려 있는 것이다.

교회 안에서 중요한 의미를 지니는 하느님 활동의 근본 법칙을 여기서 볼 수 있다. 하느님께서는 모든 사람들에게 다가가기 위하여 개인, 즉 특정한 사람을 통해 오신다는 것이다. 인류의 운명은 단지 이름 없는 권력자들의 맹목적인 기획이 결코 아니다. 창조는 인간에게 주어진 하나의 유산이며, 당신의 피조물들을 자유로 부르시는 창조주에 대해, 피조물의 운명은 그 자신의 결정적이고 자유로운 "예"라는 응답에 의존하기 때문이다. 원죄론 — 구원론과 함께 — 은 역사가 항상 수락 또는 거부하는 자유의 역사임을 증명해 준다. 그러므로 원죄론은 그리스도교 자유론에 대한 확실한 보호다.

원조죄元祖罪를 원조들의 자유롭고 실제적인 행위로 수용한다는 것은 그들이 실제적인 존재임을 전제로 하는 것이다. 역사적으로는 그들의 존재는 인정될 수 없다. 고고학과 고생물학은 원조들을 결코 발견할 수 없을 것이다. 하느님과의 친교 안에서 빛나던 원조들의 원래 인간성은 원죄로 인하여 어둡고 혼탁해진 우리들의 시각에는 더 이상 보이지 않는다.

우리는 성인들에게서 원조들이 받았던 원래의 영광이 어떤 것인지를 알게 된다. 그러나 죄로 인해 이러한 영광이 손상되지 않은 사람이 없다. 하지만 마리아만은 예외다. 전례에서는 "오! 아름다우신 동정 마리아님"Tota pulchra es, Maria이라고 노래한다. 여기에 무염시태에 관한 교의 중의 하나가 있다. 우리는 하느님께서 창조하신 여인의 원모습을 무수한 세대에 걸쳐 마리아의 모습에서 보게 된다. 하와는 살아 있는 모든 이의 어머니다. 그렇다면 마리아가 세상 어디에서나 거부할 수 없는 매력을 주는 이유가 여기에 있는가?

원죄에 대한 교의는 신앙 구조 전체의 귀중한 의미이고, 이 교의를 개인이나 신앙론의 여러 영역에서 제시하는 것은 상당히 중요하다. 죄에 관한 파스칼의 유명한 말이 시사하듯, 이 교의는 인간학에 대한 주의를 환기시킬지도 모른다: "확실히 이 교리처럼 강하게 우리에게 와닿는 것은 없다. 그러나 만물 중에서 가장 이해하기 어려운 이 신비가 없다면 우리는 자신에 대해서 이해할 수 없게 된다. … 그리고 인간에게 이 신비가 없으면, 이 신비가 인간에게 이해될 수 없는 것보다 더 인간을 이해할 수 없게 된다"(『팡세』 434).

회칙 「백주년」Centesimus Annus 25항에 있는 것처럼 사회 교리에 대한 원죄론의 중대한 영향력을 분명히 할 필요가 있다: "이러한 사실을 더 많이 고려할수록 … 사회질서는 그만큼 안정을 찾을 것이다." 우리들의 지난 세기(늑대들의 시대)는 지상의 천국을 약속한 이념들이 어떤 불행을 초래했는가를 보여 준다.

나는 한 가지 관점에서 교회에 대한 이해와 원죄 교의 사이에 내적인 관계가 있음을 명확하게 제시하길 원한다. 여기에 대해서 슈페만의 이론을 제시하고자 한다: "제2차 바티칸 공의회 이후 높이 평가된 하느님 백성의 개념은 나에게 원죄를 새롭게 이해하는 데 간접적으로 도움을 주는 것 같다. 연대적인 협력 공동체에 대한 의식이 증가하였다. 그 누구도 스스로의 힘으로 자기 자신에게 구원을 가져다 줄 수 없다는 의식이다."

우리는 그리스도의 희생으로 구원된다. 우리는 죄에 연루되어 있기 때문에 모두가 구원이 필요하다. 이러한 죄에 대한 집단적인 연루는 인류가 공동책임을 지닌 죄의 공동체라는 것에 기인하는 것이 아니라, 그 반대로 최초의 죄로 인하여 공동책임을 가진 공동체라는 데에 기인한다. 성 베드로는 "전에는 여러분이 하느님의 백성이 아니었다"(1베드 2,10), 그리고 베드로가 인용한 이사야서는 "우리 모두는 우리 각자가 그 자신의 길을 가는 한 양떼처럼 흩어져 있었다"(이사 53,6)라고 말한다.

원죄는 개개의 인간이 그의 선조로부터 유산으로 물려받은 긍정적인 특성이 아니라, 인간이면 누구나가 물려받을 수밖에 없는 특성의 결핍이고 이는 구원의 공동체와 관련되는 것이다. 인류는 더 이상 구원의 공동체가 아니다. 따라서 인간 안에 태어났다는 것은 하느님의 백성인 구원의 공동체 안에 태어났다는 것이 아니다. 왜 다른 이가 범한 그 행위로 인해 개개인 모두가 그 특성을 이어받을 수밖에 없는가라는 질문이 있을 수 있다. 구원을 중재하시는 하느님의 백성에 속하는 특성은 하느님의 백성이 존재하지 않는다면 계속해서 주어질 수 없다. 그래서 원죄를 하느님의 백성에 속하지 않는 최초의 상태로 해석할 수 있다. 새로운 하느님의 백성이 된다는 것은 자연적인 생명의 연계성 안에 태어남으로써 이루어지는 것이 아니라, 신앙과 성사를 통해서 이루어진다. 하느님의 새로운 백성은 잠재적으로는 전 인류와 동일하지만, 실제로는 그 반대로 이 인류를 벗어나 있는 것이다. 그래서 베드로 사도는 "이 사악한 세대가 받을 벌을 면하라"(사도 2,40)[10]라는 초대와 함께 그의 설교를 시작한다.

원죄에 대한 이 풍부한 해설은 제2차 바티칸 공의회의 하느님 백성에 대한 교의의 핵심적인 생각과 정확히 일치한다: "어느 시대, 어느 민족이든 하느님께서는 당신을 두려워하며 정의를 실천하는 사람이면 누구나 다 받아들이신다(사도 10,35 참조). 그러나 하느님께서는 사람들을 서로 아무런 연결도 없이 개별적으로 거룩하게 하시거나 구원하시려 하지 않으시고, 오직 사람들이 백성을 이루어 진리 안에서 당신을 알고 당신을 거룩히 섬기도록 하셨다."[11]

우리는 다음 묵상을 통해서 하느님의 가족 형성과 이 백성의 발전 단계를 깊게 숙고할 것이다.

둘째 묵상: 최초의 복음(원복음)

"거룩하신 아버지, 아버지께서는 위대하시며 지혜와 사랑으로 모든 일을 이루셨으니 찬미받으소서. 사람을 아버지의 모습대로 지으시어 우주 만물을 돌보게 하시고 창조주이신 아버지만을 섬기며 모든 조물을 다스리게 하셨나이다. 비록 사람이 순종치 아니하여 아버지의 사랑을 잃었으나 죽음의 세력 아래 버려두지 않고 자비로이 도와주시어 아버지를 찾는 이는 모두 만나 뵈옵게 하셨나이다"(감사기도 제4양식).

다음 두 사실이 우리의 처지를 나타낸다: 우리 모두가 "죽음의 세력"에 빠져 있음에도 불구하고 하느님께서는 당신 자신과 우리에게 신의를 지키신다. 우리의 처지가 비록 가련하지만 하느님의 자비는 우리를 도우며, 당신을 찾고 발견하는 길과 방법을 제시해 준다.

하느님을 찾고 발견하는 세 단계가 둘째 묵상의 주제들이다: "최초의 복음", 노아와의 계약 그리고 이스라엘의 선택이다. 여기서 이러한 주제들은 그리스도교적 이해 안에서 단순히 지나간 과거사나 교회의 전 역사前歷史에 대한 것이 아니라, 그 자체 안에는 아직 없지만 새로운 계약의 교회 안에서 성취된다면, 유효하게 실재하는 사실들에 대한 것이다.

이러한 묵상들이 더 중요해지는 것은 교회가 여전히 완성에로 나아가는 여정 중에 있고, 교회가 세상의 화합을 위한 일, 하느님의 가족 안에서 가족의 본향本鄕을 발견하는 일을 가끔씩 아주 소홀히 하기 때문이다.

원죄사건과 그 결과에 대한 보고(창세 3장 참조)는 학문적이고 합리적인 사고 체계에 비추어 볼 때 단지 신화 속에 나오는 우화나 전설적인 이야기에 불과할 것이다. 그렇지만 이러한 말씀을 오랫동안 묵상하면 할수록, 또 우리 처지에 대해 성찰하면 할수록 "비록 이론적으로 계시가 어리석은 것처럼 보인다 해도 … 계시가 어떻게 정당한 것인가를 더 놀랍고도 감동적인 방법으로 보여 준다".[12]

인간 삶을 지배하고 드러내는 세 가지 중대한 상황을 말할 경우 의심의 여지 없이 남자에 대한 하느님의 심판으로 주어진 노동의 세계, 여자에 대한 하느님의 심판으로 성에 의해 규정된 신분의 세계, 뱀에 대한 하느님의 심판으로 선과 악 사이의 투쟁 상황을 들 수 있을 것이다.

이 세 가지 상황은 인간관계의 심각한 혼란을 드러내 주는 것과 하느님의 약속, 곧 "최초의 복음"을 표현하고 있다. 그리스도인이며 특별히 사목자인 우리에게 인간의 사건, 역사, 현재 그리고 상황을 계시의 빛 안에서 이해해야만 하는 과제가 주어져 있다. 그래서 로마노 과르디니는 『모든 사물의 시작』이라는 책에서 "계시만이 그것을 알고 있다"고 했다. 인류 타락에 대해 창세기 3장이 우리에게 전하는 것을 신중하게 살펴보면, 십자가의 신비가 왜 필요하였고, 지금도 왜 필요한지, 그리고 세상과 모든 사람에게 왜 구원이 필요한지, 타락한 인류의 역사 시초부터 은총의 신비가 지속되어 온 이유를 이해하게 된다.

1. "너는 아내의 말에 넘어가 내가 따 먹지 말라고 일찍이 일러둔 나무 열매를 따 먹었으니, 땅 또한 너 때문에 저주를 받으리라. 너는 죽도록 고생해야 먹고 살리라. 들에서 나는 곡식을 먹어야 할 터인데, 땅은 가시덤불과 엉겅퀴를 내리라. 너는, 흙에서 난 몸이니 흙으로 돌아가기까지 이마에 땀을 흘려야 낟알을 얻어 먹으리라. 너는 먼지이니 먼지로 돌아가리라"(창세 3,17-19).

이 성서 구절은 진보적 낙관주의와 얼마나 판이한가. 인간의 운명으로 받아들여야 할 힘든 노동과 보잘것없는 결실, "가시덤불과 엉겅퀴", 최후에 맞이해야 할 죽음. 이것은 너무 비관적이지 않은가? 이는 마치 지금 이 세기말에 발전에 대한 이데올로기적인 모든 망상에서부터 벗어나야 한다는 것 말고는 무슨 다른 뜻이 있는가?

하느님과의 우정 상실은 "땅" 곧 세상과의 친교 상실이라는 결과를 초래하였다. 땅은 인간과 낯설어졌고, 오히려 적이 되어 버렸다. 그리고 인간은 세상 안에 자기 자신의 갈등을 끌어들여, 자신의 병

들고 반항적인 의지를 대자연에 억압적으로 강요하여, 땅을 "경작하고 보호"(창세 2,15)하기보다는 오히려 땅의 파괴자가 되었다. 동시에 인간도 땅의 지배를 받게 되었다. 인간이 지배할 수 있다고 생각한 자연은 인간에게 보복을 하고 인간을 위협하고 있다. 이렇게 인간은 점점 더 "불리해지게 되고" 결국 비참한 죽음을 맞이하게 된다.

문명은 더 나아질 것인가? 인류는 우리에게 알려진 역사의 짧은 시간 안에서 무수한 일들을 성취하지 않았는가? 우리는 최근 2천년 혹은 3천년 동안의 학문, 예술, 문명의 업적을 당연하게 찬양하고 있지 않은가? 하지만 여기서는 냉정하게 그리고 진보의 이데올로기도 없이 끔찍한 "가시덤불과 엉겅퀴"만 바라보고 있다. 얼마나 많은 불행이 문명의 업적 뒤에 감추어져 있는가! 인간의 어떠한 업적도 어둠의 그림자로부터 자유로울 수 없다. 피라미드를 건설한 노예들의 비참함을 누가 상상할 수 있겠는가? "사회주의 건설"을 위해 희생된 소련 강제수용소의 무수한 죽음을 누가 생각하겠는가? 태평성대라도 마찬가지다. 우리의 일상이 얼마나 많은 사람들에게 그들의 인간존재를 완성시키고, 그들의 인격을 발전시켜 나가는 것이 되고 있는가? 고통스러운 매일의 삶, 일자리를 지키기 위한 치열한 투쟁, 실직으로 인한 피폐함 … 등이 우리의 일상이다.

문명의 위대한 업적들 중 고난, 고통 그리고 죄과로부터 이루어지지 않은 것이 있는가? 위대함 뒤에 가려진 덧없음, 훌륭한 성 베드로 성당의 화려함과 탄성을 깨뜨리는 종교개혁과 신앙의 갈등으로 인한 상처가 그곳에 남아 있고, 성공과 완성 가까이에 또한 얼마나 많은 미완성과 실패, 그리고 좌절이 함께 자리하고 있는가! 도서관에 방치된 채 읽히지 않은 책들, 그 속에 얼마나 많이 외면당한 수고가 들어 있으며, 무심코 지나친 노동자, 관리자, 어머니들에게는 헤아려지지 못한 노고들이 또 얼마나 많은가!

노동을 한다는 것은 하느님의 축복이며, 모든 시대에 걸쳐 적용되는, 곧 최초의 복음이다. 교황 바오로 6세는 나자렛에서 "인간 노동의 준엄하고도 구원적인 의미"에 대해 말씀하셨다.[13] "이 모든 노고에도 불구하고, 아니 어쩌면 바로 그 노고 때문에 노동은 인간에게 좋은 것이다. … 노동은 인간과 인간존재에게 좋은 것이다. 노동함으로써 인간은 더 인간다워질 수 있기 때문이다."[14] 그러므로 근면과 성실함은 인간이 선을 향해 나아가도록 돕는 덕이 될 수 있다.

노동은 사람들을 불러 모으고, 공동작업 속에서 그들을 하나로 결속시켜 공동체를 만든다. 물론 원죄 교리는 이러한 공동체를 함께 만드는 것이 단순히 지속적인 발전이 아님을 우리에게 상기시켜 준다. 모든 세대, 모든 개인은 항상 새롭게 노동의 멍에에 복종하면서, 게으름과 노동에 대한 반감과 싸워야 한다. 이러한 싸움을 겪지 않고, 수고와 노동의 십자가를 지지 않고는 지상 천국은 결코 있을 수 없다. 또한 노동은 의미 없는 시시포스의 고통은 분명 아니다. "노동은 구원을 받게 해 주는 것일 수도 있다. 나자렛의 목수이시며 골고타에서 십자가에 못박히신 예수님과 일치하여 노동의 수고를 견뎌 냄으로써, 인간은 하느님 아들의 구속 사업에서 어떤 의미로 그분의 협력자가 된다."[15]

2. 하느님께서 여인에게 하신 심판의 말씀: "너는 아기를 낳을 때 몹시 고생하리라. 고생하지 않고는 아기를 낳지 못하리라. 남편을 마음대로 주무르고 싶겠지만, 도리어 남편의 손아귀에 들리라"(창세 3,16).

원죄로 인한 혼란은 노동과 인간적인 일에서보다 남자와 여자 사이의 인간관계에서 더 심각하게 드러난다. 원죄 교리는 다른 어떤 곳보다도 이러한 혼란의 진정한 원인을 찾아내려고 하는 분야에 더 필요하다. 생리학과 심리학, 사회학과 역사학은 성과 성 사이의 관계 안에서 드러나는 장애의 많은 원인에 관심을 집중시켜 왔다. 그러나 원인은 더 깊은 곳에 있다. "성과 성 사이의 갈등"은 특별히 끊임없이 이어지는 원죄의 상처에서 발생한다.

하느님께 대한 첫 번째 불성실은 남자와 여자의 내적인 관계 안에서 지속적으로 작용한다.

창세기의 몇몇 구절들은 거부할 수 없는 심오함과 삶의 진실에 대한 것이다. 즉, 원죄는 죄인들 상호간의 일치로 이끌지 못한다. 하느님께 대한 불충실이 남녀 상호간의 배신을 초래한다. 남녀는 유혹에 대항하기 위해 서로를 보호해 주기보다는 서로를 죄에 빠져들게 한다. 남녀는 다른 사람의 짐을 져주거나, 서로를 뉘우치게 하거나, 함께 잘못을 고백하기보다는 서로의 잘못을 고발하기만 한다. "남자와 여자가 몇 번이고 서로를 고독하게 버려둘 수도 있고, 둘이 서로 그렇게 밀접하게 하나가 될 수도 있다는 것이 서로를 적대적인 사람들보다 더 고립시킬 수도 있다."[16]

요구하는 것과 지배하는 것, 서로 열망하는 것과 서로를 지배하려는 것들은 분리될 수 없이 서로 밀착되어 있다. "이렇게 남녀간에는 이해할 수 없는 갈등이 생기고, 그 갈등은 어떤 것보다도 혹독하다. 그 이유는 증오가 욕망의 가장 깊은 부분에 자리하여, 가장 가까운 사람을 배척하게 만들기 때문이다."[17]

의학과 기술 등 현대의 발전된 삶은 표면적으로는 여성들의 생활 여건을 많이 개선시켰지만 여성의 멍에는 아직도 여전히 억압적이다. 새롭고 더욱 치밀한 속박들이 예전의 것들을 대체함으로써 계속되는 문명화가 점차적으로 모든 속박들을 없애고 충만한 자유를 가져다줄 것이라 믿는 것은 돌이킬 수 없는 오류가 될 수도 있다. 우리가 기대하는 희망은 다른 곳에 있다. 희망은 멍에 그 자체 안에 있는데, 이 멍에는 하느님께서 남자와 여자에게 단순히 처벌만이 아니라 치유와 구원을 위해 부과한 것이다.

아우구스티노 성인은 혼인을 "욕정의 예방책"remedium concupiscentiae이라고 하였다. 이 표현은 다소 자유로운 해석을 통해 이해될 수 있다. 즉, 원죄의 첫 결과는 사욕, 곧 "악으로 기우는 경향"이다.[18] 사욕은 우선 다른 사람을 자신의 목적 달성을 위해 이용하는 "지나친 자기 애착"의 형태로 나타난다. 혼인의 멍에는 이러한 "지나친 자기 애착"에 대한 치료제로, 즉 다른 사람의 존재를 깨닫게 하고, 진실되이 알게 하고, 받아들이고, 자신 속에만 갇혀 있는 마음을 다른 이들을 향해 열리게 하는 데 필요하다. 혼인의 멍에는 특별한 형태인 모성 그리고 부모가 자신을 뛰어넘어 헌신할 수 있는 출산을 통해 한 번 더 나타난다.

수천 년 동안 인류의 모든 세기에 걸쳐 지속되어 온 혼인이 얼마나 진실된 것인지를 감사기도 제4양식은 이렇게 표현한다: "자비로이 도와주시어 아버지를 찾는 이는 모두 만나 뵈옵게 하셨나이다!" 신부 축복에 대한 옛 혼인 예식 ― 현재의 혼인 축복 제4양식 ― 에서는 혼인에 대해 이렇게 말한다: "이 신랑 신부에게 인간의 죄와 허물에도 불구하고 철회되지 않은 당신의 축복이 내리나이다." 하지만 원죄가 남자와 여자의 관계 속에 남긴 깊은 상처를 치유하기 위한 은총의 힘과 인내의 은총이 필요하다.

3. 힘든 투쟁. 원복음은 뱀에 대한 저주에서 하느님의 약속을 이렇게 말한다: "나는 너를 여자와 원수가 되게 하리라. 네 후손을 여자의 후손과 원수가 되게 하리라. 너는 그 발꿈치를 물려고 하다가 도리어 여자의 후손에게 머리를 밟히리라"(창세 3,15).

그래서 투쟁만 있는 것이 아니라 승리도 약속되었다. 원죄 교리는 우리로 하여금 "악마의 지배를 받고 있는 온 세상"(1요한 5,19)이라는 극적인 상황을 깨닫게 해 준다. 제2차 바티칸 공의회는 여기에 대해 분명하고 확신에 찬 입장을 보여 주었다: "세계 인류 역사는 암흑의 세력에 저항하는 인간의 악전 고투로 점철되어 있으며, 이 투쟁은 태초부터 시작되어 주님의 말씀대로 마지막 날까지 계속될 것이다. 이 싸움에 말려든 인간은 선에 머물기 위하여 끝없이 싸워야 하고, 하느님의 도움과 비상한 노력 없이는 자신의 온전성을 획득할 수 없다."[19]

오늘날 우리는 인간의 삶이 투쟁이며, 새로운 의미로 그리스도인의 삶 또한 투쟁이라는 것을 완전히 잊어버렸다. 아우구스티노 성인은 『그리스도인의 투쟁』이라는 책을 썼다. 특별히 교부들은 사추덕에 관해 그리스 사상을 받아들였는데, 그 이유는 교부들이 지덕과 의덕, 용덕, 절제덕을 통해 세례를 받은 사람들이 계속해서 겪고 있는 사욕에 대항할 대책을 보았기 때문이다. 오늘날, 특별히 옛 공산주의 국가들 그리고 부유한 서구 자본주의 국가들 속에서도 인간 삶의 황폐화가 심각하기 때문에 인간의 삶을 점차적으로 다시 재건해 나갈 수 있게 하는 이러한 덕을 증진시킬 필요가 있다. 오늘날 우리는 이교적인 환경에서 초기 그리스도인들에게 인간의 기본적인 덕목들을 권해야만 했던 바울로 사도의 상황과 비슷하다. 인간의 기본적인 덕목들은 인간적 토양이다. 인간성을 형성시키고, 그 위에서 그리스도인의 삶을 펼칠 수 있는 대신덕의 삶을 만든다: "여러분은 무엇이든지 참된 것과 고상한 것과 옳은 것과 순결한 것과 사랑스러운 것과 영예로운 것과 덕스럽고 칭찬할 만한 것들을 마음 속에 품으십시오"(필립 4,8)[20]. 인간의 진정한 발전은 참된 인간적 토양의 보존이다. 그것은 풍화로부터 땅을 보호하고 황폐해진 곳, 즉 전쟁 이데올로기 그리고 우리 시대에 인간성을 무시하는 체제가 있는 곳에서 다시금 인내심과 용기를 가지고 희망을 새롭게 만드는 것이다.

세상이 존재하는 한 계속될 이러한 투쟁은 선과 친교를 위한 사람들의 모임인 교회의 준비인 것이다. 왜냐하면 오직 선만이 사람들을 일치시킬 수 있고, 죄는 사람들을 분리시키고 분열시킨다. 오리게네스는 이렇게 말했다: "죄가 있는 곳에 다수多數가 있고, 이교가 있고, 이단이 있고, 갈등이 있습니다. 덕이 있는 곳에 합일이 있고 모든 믿는 이가 한 몸, 한 마음을 이루는 일치가 있습니다"(「에제키엘서 강론」 9,1).[21] 그리스도는 이러한 투쟁 안에 숨어 계시는 안내자이며 스승이시며, 마음 안에 계신 내적 스승으로 모든 사람을 비추는(요한 1,9 참조) 빛이시다. 이처럼 그리스도는 당신의 백성을 모으고 교회를 준비하신다.

셋째 묵상: 노아와 계약을 맺으시다

당신께서는 "사람들과 거듭 계약을 맺으시고 …" 우리는 감사기도 제4양식에서 이렇게 고백한다.

하느님은 계약과 교회를 위해서 세상을 창조하셨다. 죄로 인한 단절은 하느님의 계획을 파괴한 것이 아니라, 그 계획을 실현하는 방법들을 변경시켰다. 죄로써 단절되고 파괴된 것을 하느님은 인간과 맺으신 계약을 통해 새롭게 모아들이시는데, 이러한 "역할"을 하는 것이 교회다. 교회는 노아가 다시금 준비한 구약의 계약을 통해 준비되었다.

오늘날 비그리스도교적인 종교에 대한 의문이 집중적으로 제기되고 있기 때문에 가장 우선적이며 가장 포괄적인 계약에 대한 성찰은 특별한 중요성을 지닌다. 여기 이 계약의 내용은 종교에 대한 그리스도교적인 이해의 토대와 구원의 역사 속에서 그 종교들이 갖는 의미에 대한 것이다. 또한 정치 신학도 이 계약 안에서 기준점을 찾는데, 그 기준점은 계시의 빛 안에서 인류의 정치적인 일치를 위한 노력이 의미하는 것이 무엇인지, 또한 인종, 언어, 종족 그리고 혈통의 다양성이 증언하는 것이 무엇인지에 대한 것이다. 이 모든 무거운 문제들에 대해서는 간략하게 다룰 것이고, 개인적인 성찰에 이 문제들을 맡기고자 한다.

1. 원복음을 살펴보면 지금 분명히 드러나 있는 것이 이미 원복음 안에 제시되어 있음을 알 수 있다. 하느님께서는 죄의 상처를 이 상처를 통해서 계속 치유하신다. 노동의 고통은 속죄의 길, 구원의 도구가 된다. 하느님께서는 출산의 수고와 남녀 관계에서 발생되는 고통들을 원죄로부터 야기된 지나친 자기애착에 대항하는 그리고 사욕에 맞서는 치유책으로 변화시킨다. 원죄의 결과로 쉽게 악으로 기우는 이러한 성향은 선을 위한 투쟁에서 시험대가 된다.[22]

노아와의 계약에서 우리는 원죄의 결과로 빚어진 더 많은 비구원의 현실들과 구원의 길에서 원죄로 인한 혼란을 만나게 된다.

"하느님이 보시기에 세상은 너무나 썩어 있었다. 그야말로 무법천지가 되어 있었다"(창세 6.11). 카인의 형제 살해부터 라멕의 일흔일곱 갑절의 피의 보복에 이르기까지(창세 4 참조) 폭력의 창궐에 대한 이야기는 현재에도 여전하다. 약자와 태아와 힘없는 노인에 대한 적대에서부터 핵에 의한 인류의 자멸 가능성에 이르기까지, 폭행과 살인이 그 어느 때보다 횡행하고 있다.

구원 역사 전체를 통해서 하느님은 개인 또는 소수의 사람들 중에 한 사람을 선택하시고 그들을 통해서 모든 사람들을 위한 구원과 축복을 내리셨다. 당신 대리자의 선택이라는 신비 없이 교회의 의미를 이해할 수 없다. 의인 노아와 그들의 선택은 교회의 원형인 것이다. 교회의 교부들과 전례는 노아의 방주를 완전히 교회의 상징으로 주제화하였다. 여기에 대해서는 다시 언급할 것이다.

노아는 특히 의로운 이방인의 이상이다. 예언자 에제키엘은 노아를 욥과 그리고 특별히 언급하지는 않은 다니엘과 함께 의로운 이방인으로 부른다(에제 14,14).[23]

구약성서는 백성들, 그리고 이방인들 중에서 이렇게 위대한 인물들을 알고 존경하며, 살렘의 왕 멜기세덱도 그들 중에 한 명이다. 그들 모두는 노아의 계약에 속하며, 이런 의미로 노아의 계약은 인류의 종교들을 위한 공간처럼 이해될 수도 있다. 그래서 교회는 이러한 거룩한 이방인들을 존경하면서, 그들의 경신례와 예배에 대해서도 어느 정도 그 유효성을 인정해 준다.

노아에 의해 제단에 봉헌된 제물은 하느님께 만족을 드렸다. 하느님께서는 우주의 질서를 영속적으로 변하지 않게 하시겠다고 약속하신다: "땅이 있는 한 뿌리는 때와 거두는 때, 추위와 더위, 여름과 겨울, 밤과 낮이 쉬지 않고 오리라"(창세 8,22). 그리고 하느님께서는 하늘의 표징인 무지개를 통해서 인류와 그리고 모든 생명체들과 당신의 계약을 맺으신다(창세 9,12-17 참조). 제사와 우주 질서 간의 결합은 인류의 많은 종교 안에서 진정한 하느님 공경이 실행되었다는 사실과 여기에 대해 하느님께서 당신 선의로 응답하셨음을 의미한다. 멜기세덱의 모습은 이방인 욥의 희생과 기도처럼 이러한 모든 것들을 다시 한 번 확실하게 증명한다. 물론 의로운 이방인들의 종교에 이렇게 높은 존엄이 주어진다는 것은 그 존엄이 그리스도의 전형일 수 있기 때문이며, 그 존엄 안에서 그리스도와 그분의 은총이 이미 드러나지 않게 작용하고 있기 때문이다. 그러나 이는 단순히 모든 종교가 동등한 가치를 지닌다는 것이 아니라, 노아와 멜기세덱 그리고 욥과 같이 올바르게 하느님을 섬기고, 믿음으로 흠숭하는 곳 어디에서나 "말씀의 씨앗"[24]을 발견할 수 있다는 것이다. 물론 이러한 사실들은 어느 종교이든 간에 그리스도에게 속하느냐 속하지 않으냐에 관계가 있고, 또 그리스도께서 오심으로써 이러한 종교들의 상황은 전혀 새로운 것으로 변한다는 것도 아울러 말해 주고 있다. "무지의 시대"(사도 17,30)는 지나갔다고 바울로 사도는 말한다: 하느님께서는 "이제는 어디에 있는 사람에게나 다 회개할 것을 명령하십니다. 과연 하느님께서는 당신이 택하신 분을 시켜 온 세상을 올바르게 심판할 날을 정하셨고 또 그분을 죽은 자들 가운데서 다시 살리심으로써 모든 사람에게 그 증거를 보이셨습니다"(사도 17,30-31).

"마지막 시대"에 이르러서는 모든 종교들은 위기에 처할 것이고, 죽은 자들의 부활에 대해 비웃던 아테네 시민들의 웃음은 이미 그 자체로 이러한 심판의 표시가 될 것이다. "다른 종교들과의 대화"는 "이미 세기들의 종말이 우리에게 다가왔다"는 사실로부터 도출될 수 있는 것이 아니다.[25] 그래서 "가톨릭 교회는 이들 종교에서 발견되는 옳고 성스러운 것은 아무것도 배척하지 않는다"[26]는 것은 사실이며, 오늘날 종교적인 상황에 대한 문제가 마음속에서 단순히 그리스도께 대한 긍정이나 부정으로 결정되는 것이 아니라는 점을 매우 신중하게 다루고 있다. 특별히 하느님의 자녀라는 점에서, 또 십자가와 부활이라는 면에서 단호하게 부정하는 이슬람교도들, 또 다른 많은 잘못 때문에 갈려 나간 그리스도교 형제들을 어떻게 대하느냐는 문제는 절박한 것이다.

이 세상 모든 사람들을 당신의 제자로 만들라(마태 28,19)는 주님께서 우리에게 남기신 사명이 긴박하고 절박한 만큼이나 예수 그리스도의 제자들에게는 그들에게 내리신 성령의 불꽃을 다시 지피는 일이 그만큼 시급하다: "그것은 그리스도의 사랑이 우리를 그토록 강요하고 있기 때문입니다"(2코린 5,14).

2. 노아의 계약에서 살펴보아야 할 주제는, 하느님의 구원 경륜에서 드러나는 민족과 언어와 나라들이 다양하다는 사실이다. 주님께서 제자들에게 "모든 백성들을 제자로"(마태 28,19) 만들라는 사명을 주신 것은 특별한 것이 아닌가? 이 구절은 단순히 "모든 사람에게"라는 의미로 해석될 수도 있지만 그보다 다음과 같은 뜻도 포함하고 있다고 생각한다. 요한 묵시록에서는 그리스도를 "만민의 왕"(묵시 15,3)으로 지칭하고 "모든 민족이 주님 앞에 와서 경배할 것입니다"(묵시 15,4)라고 확신하고 있다. 마지막 완성의 때에 이르러서는, 아니 어떤 의미에서는 이미 그렇게 되어 있지만, "모든 나라와 민족과 백성과 언어에서 나온"(묵시 7,9) 자들이 그 수효를 셀 수 없을 만큼 많다는 것은 교회의 입장에서 볼 때 어떤 의미를, 어떤 뜻을 가지고

있는 것일까? 백성의 무리들 중에서 단지 의인들만이 유일하게 구원받게 되는가? 만약에 그렇다면, 왜 마지막 심판 때에는 "모든 민족"이 사람의 아들 앞에 모여들 것이며(마태 25,32), 하늘의 도성 예루살렘에서는 "만국의 백성들이 그 빛 속에서 걸어다닐 것이며", 그들의 보화를 가지고 그 도성으로 들어올 것(묵시 21,24-26)이라고 하는가?

민족과 그들의 보화 — 문화, 언어, 경험 — 는 하느님의 "백성을 불러 모으는 역할"을 하는 교회에 어떤 의미가 있는가?

창세기 10장의 광대한 "민족들의 계보"는 지상의 많은 민족들이 하나의 공통된 뿌리와 근원을 가지고 있으며, 사실 이들은 하나의 가정을 이루고 있음을 증명한다. 그러나 불행하게도 죄로 인한 관계의 단절은 이러한 단일성마저 파괴하고 말았다. 바벨탑 이야기는(창세 11장 참조) 하느님 없이, 하느님에 대항하여, 스스로의 힘으로 일치를 이루고, 자신들의 능력을 과시하고 증진시키고자 했던 죄에 떨어진 인류의 시도였다.[27] 온 세상으로 사람들이 흩어지고, 말이 뒤섞여 서로 알아듣지 못하게 된 것은 인간의 오만 불손에 대한 하느님의 벌이었다.

이는 인간이 제 힘만으로는 결코 일치를 다시 이루어 낼 수 없으며, 나뉘어진 언어와 민족을 다시 이전처럼 돌려놓을 수 없음을 말한다. 그리고 그러한 시도가 있는 곳에는 지금까지 늘 세상을 지배하려는 전체주의 국가들의 야욕이 있었다.[28]

또한 하느님의 책벌은 구원에 당연히 도움이 되는 것이다. 타락한 본성 때문에 하느님으로부터 버림받는 사람은 아무도 없다. 백성을 세계 곳곳에 흩어지게 하는 형벌도 또 하나의 구원의 길이며, 구원의 가능성을 내포하고 있다.

전 인류를 당신의 가족으로 만드시려는 하느님의 근본 계획은 당신의 교회를 준비하기 위한 민족과 언어와 나라와 종족들의 일치에 도움을 준다. 그래서 아레오파고의 법정에서 사도 바울로는 다음과 같이 말하였다: "하느님께서는 한 조상에게서 모든 인류를 내시어 온 땅 위에서 살게 하시고 또 그들이 살아갈 시대와 영토를 미리 정해 주셨습니다. 이리하여 사람들이 하느님을 더듬어 찾기만 하면 만날 수 있게 해 주셨습니다. 사실 하느님께서는 누구에게나 가까이 계십니다"(사도 17,26-27).

물론 이것은 일시적인 가정이다. 하느님께서 몸소 당신의 소유로 택하신 백성 이외에 어떠한 민족도, 어떠한 문화도, 어떠한 언어도 영원히 존속하리라는 약속을 받지 못했다.

그렇다면 선택된 민족, 국가라는 말은 무엇을 의미하는가? 물론 언어나 문화 그리고 지역 그 자체가 중요하지만 그것만으로 선민임을 드러낼 수는 없다. 쉽게 말하면 공동 운명, 공동 역사가 결정적 요인이라고 할 수 있다. 이에 대해 성서는 단순히 경험으로 파악되는 실재적인 것보다 더한 것을 암시하고 있는데, 그것은 민족들이 천사들의 보호 아래 맡겨지는 것과[29] 하느님의 백성들에게 주어질 재산과 보화와 유산에 관한 것이다(참조: 이사 60,7-11; 아가 2,7; 묵시 21,24-26).

조국에 대한 애덕, 조국에 봉사하려는 헌신적 태도, 자기 민족의 문화와 언어에 대한 사랑, 이 모든 것이 바로 교회를 위한 준비이고, 교회의 영역 안에서 그 지위를 가진다.[30]

그러나 한편으로 모든 민족들은 수호천사만 가지고 있는 것이 아니라, 국가에 대한 잘못된 자부심이나 미개국에 대한 경멸, 외국인에 대한 혐오나 권력에 대한 숭배 등과 같은 악의 요소들도 함께 가지고 있는데, 우리는 국가가 하느님을 거부하는 악의 요소들을 적나라하게 목격해 왔다.

우리는 오래된 그리스도교 국가들이 수세기에 걸쳐 악의 요소들을 제거해 왔다는 사실과, 공동체로서 국가 전체가 혹은 국가 구성원들 안에서, 여러 세대에 걸쳐 회개와 속죄, 그리고 통회, 은총과 구원의 길을 걸어왔다는 사실을 쉽게 잊어버렸다. 안토니오 성인은 이집트의 무덤에서 "죽음의 문화"라는 악마들에 대항하여 수십 년을 싸웠다. 오늘날 국가들이 그리스도인들을 지탱해 주는 복음 정신으로 살아가도록 하기 위해서 또 얼마나 많은 그리스도교적인 삶의 증거와 희생을 필요로 하는가!

우리 시대에 국가에 대한 숭배라는 것은 추방된 악마들이 그들을 추방하고 깨끗하게 정리된 집으로 다시 돌아오는 것이 아니겠는가. 그래서 그 이전이나 야만인의 시대보다 더 나쁜 결말이 아닌가?(마태 12,44-45 참조).

교회는 결코 하나의 나라로 규정될 수 없으며, 아울러 국가교회라는 것도 있을 수 없다. 그리고 여러 국가들 안에 불변하는 교회의 고유한 특징이 있다. 이러한 사실은 여러 성인들 안에서 가장 아름답고 명확하게 드러난다.

아기 예수의 성녀 데레사는 프랑스 사람, 토마스 모어 성인은 영국 사람, 이냐시오 성인은 스페인 사람, 카타리나 성녀나 프란치스코 성인은 이탈리아 사람이라고만 할 수 있는가? 이들 중에 어느 누구도 한 국가만의 성인이라고 할 수 없으며, 잔 다르크의 경우처럼 국가주의를 위한 목적으로 성인을 악용하는 모든 유혹들은 성인들의 의미를 완전히 실추시키는 것이다.

한 민족이 그리스도를 발견할 때 그 민족의 정체성을 찾게 된다. 그리스도께서는 성부로부터 "모든 백성을 유산으로"(시편 2,8) 받으셨다. 그리스도께서 모든 민족을 당신 제자로 만들기 위해 복음 선포를 통해서 한 민족에게 다가오시면, 그것은 "당신의 고향"(요한 1,11)에 오시는 것이다. 그런데 복음을 선포하기 오래 전부터 주님께서는 이미 당신의 백성을 준비시키기 시작하셨다. 그분의 은총은 복음의 선포자보다 먼저 주어진 것이다. 이 사실은 그리스도께서 사도 바울로에게, 그의 고린토 선교 시작에 즈음하여 주셨던 환시가 감명 깊게 증명해 준다: "겁내지 말아라. 잠자코 있지 말고 전도를 계속하여라. 내가 너와 같이 있을 터이니 너에게 손을 대어 해칠 사람은 아무도 없을 것이다. 이 도시에는 내 백성이 많다"(사도 18,9-10).

넷째 묵상: 구약

거룩한 땅(출애 3,5 참조)으로 발길을 돌리자. 교회에 대한 이해에서 이스라엘 구약 율법의 의미에 대한 문제는 우리를 교회 신비의 심장부로, 중심부로 이끈다.

교회에서 구약은 무엇을 의미하는가? 교회가 "이스라엘 백성의 역사와 구약에서 오묘하게 준비되었고"[31]라고 할 때, 공의회는 무엇을 말하려고 하는가? 이스라엘의 역할은 그리스도의 오심으로 끝이 났는가? 아니면 아직도 신비로운 방법으로 교회를 이루려는 준비는 계속되는가? 이스라엘은 그 자체에 의미가 있는 것이 아니라 "다만" 이 준비를 위해서만 의미가 있는가?

이 모든 질문은 신학적 소일거리나 학문적인 논쟁이 아니라, 이스라엘에 대해서나 교회에 대해서나 살아 있는 질문이며, 엄청난 역사의 무게를 싣고 있는 질문이다. 몇 세기에 걸쳐 누적된 상처는 아주 깊고 죄의 무게는 엄청나지만, 이 문제에 대해 중립적으로 그리고 냉철하게 말할 수 있을 것이다.

주님의 사도인 베드로와 바울로 그리고 로마 유다 공동체의 유다인들이 활동한 로마에서 이 문제는 더 중요하다. 바울로가 로마의 유다 공동체에 보낸 편지 9-11장은 다른 편지와는 전혀 다르게 이스라엘과 교회의 신비를 다루고 있다: "하느님께서 사랑하셔서 당신의 거룩한 백성으로 불러 주신 로마의 교우 여러분, 여러분의 믿음이 온 세상에 널리 알려졌습니다"(로마 1,7-8).

그리스도교인이 된 로마 거주 유다인들의 역사에 대해서 할 말이 많은데, 그것은 의미로 가득한 역사의 밝고 어두운 면들에 대한 것이다. 즉, 피에를레오니Pierleoni의 한 유다 가문 출신인 교황 아나클레토Anacletus 2세의 모습은 대립 교황으로만 역사에 등장한다. 1930년 겔트루드Gertrud von Le Fort는 그를 모델로 소설 『유다 구역의 교황』을 발표했는데, 이는 피로 얼룩진 우리 시대에 이스라엘과 교회의 신비에 대해 쓴 아주 심도 깊은 작품 중 하나다. 또 이 문제로 심하게 비난받았던 교황 비오 12세가 사실 유다인들을 위해 행했던 모든 것들을 언급해야 할 것이다.

나는 로마의 위대한 랍비였던 유다인 졸리Zolli를 기억하지 않고서는 로마의 대大 시나고가를 지나갈 수 없다. 1944년 속죄의 날, 졸리가 율법을 모신 감실 앞에 서 있을 때, 주 그리스도께서 그와 그의 아내에게 발현하셨고, 그후 그는 세례식에서 교황 빠첼리Pacelli(비오 12세)에게 감사하는 뜻으로 세례명 에우제니오Eugenius를 선택했다.

또한 1986년 4월 13일 바로 그 유다 회당에서 이루어진 교황 요한 바오로 2세의 기념비적인 방문을 어찌 기억하지 않을 수 있으랴.

이 "거룩한 땅"(출애 3,5)에 발을 디디면, 이스라엘과 교회와 함께하는 그리스도의 신비만을 접하는 것이 아니라, 이 신비가 모든 방향에서 우리를 에워싸고 있음을 느끼게 된다.

이스라엘의 선택을 다루는 『가톨릭 교회 교리서』 부분과 함께 우리의 묵상을 시작하자: "하느님께서는 흩어진 인류를 하나로 모으고자, '네 고향과 친척과 아비의 집을 떠나라'(창세 12,1) 하고 아브람을 부르심으로써 그를 선택하시어 아브라함, 곧 '많은 민족의 조상으로'(창세 17,5)로 삼으신다. '세상의 모든 민족이 너를 통하여 복을 받으리라'(칠십인역 창세 12,3)".[32]

아브라함의 부르심에서 드러나는 하느님의 위대한 계획의 핵심은 하느님께서 사람들을 당신의 가족 안으로 모으신다는 것이다. 한 사람이 모든 이에게 해를 끼치며 실패한 곳에서, 다른 한 사람은 모든 이에게 축복이 되어야만 한다: "아브라함에게서 나온 백성은 성조들에게 하신 약속을 이어받는 선택된 백성이 될 것이며, 장차 교회의 일치 안에 하느님의 모든 자녀를 모을 준비를 하도록 부름을 받게 될 것이다. 그 백성은 이방인들이 신앙인으로 접목될 뿌리가 될 것이다."[33]

"성조들 이후 하느님께서는 이스라엘을 이집트의 종살이에서 해방시킴으로써 당신 백성으로 만드셨다. 하느님께서는 시나이 산에서 그들과 계약을 맺으시고, 모세를 통하여 율법을 내려 주심으로써 당신께서만 살아 계신 참 하느님이시요 섭리의 아버지이시며 정의의 판관이심을 알려 주셨고, 약속된 구세주를 기다리게 하셨다"[34]라고 『가톨릭 교회 교리서』는 가르친다.

끝으로 "'주님의 이름을 받은'(신명 28,10) 이스라엘은 하느님의 사제적 백성이다. 그들은 '우리 주 하느님께서 먼저 말씀을 건네신' 백성이며 아브라함의 신앙 안에서 '맏형'격인 백성이다".[35]

모든 주교들에게 발송되어 검토하도록 한 『가톨릭 교회 교리서』 초안인 소위 "프로제 레비제"Projet révisé에는 원래 다음과 같은 문장이 포함되어 있었다: "이스라엘은 하나의 국가가 아니라 하느님의 사제적 백성이다." 이 문장은 혹독한 비판을 불러일으켰는데, 특히 이스라엘의 경우 더욱 그러했다. 이는 완전히 잘못 이해되어 이스라엘을 여러 국가들 중의 한 국가로 인정하지 않는 가톨릭 교회의 선언문처럼 오해를 불러일으킨 것이다. 사실 그것은 이스라엘 백성의 선택에 대한 분명하고도 긍정적인 선언이었다. 즉, 여러 백성 중의 하나, 혹은 여러 국가 중의 하나가 아니라 하느님 소유의 백성이라는 것이다. 다시 말해서 여러 백성 중에 이미 존재하던 한 백성을 하느님이 특권을 부여하기 위해 선택한 것이 아니라, 하느님 자신이 그 "창조자"(이사 43,15)이고, 그분이 그의 백성을 선택하였으며, 그분이 그 선택을 유지하는 힘이라는 것이다.

그러나 바로 여기서 우리는 수수께끼 같은 사실을 발견한다. 인종적으로 이스라엘은 단일 백성, 단일 민족인가? 그 대답은 고대(사도 2,5-11 참조)나 오늘날이나 쉽지 않다. 이스라엘의 정체성은 그 자체로 축복이며, 다른 이를 축복하는 사제적 소명 안에 자리한다: "너희야말로 사제의 직책을 맡은 내 나라, 거룩한 내 백성이 되리라"(출애 19,6). 이스라엘은 우선 하느님 앞에서 "백성들의 모임"이다. 카할Qahal, 즉 칠십인역 그리스어 성서가 에클레시아Ekklesia(교회)라고 번역하는 바로 그 실재다.

이스라엘은 아브라함에서부터 오늘에 이르기까지 한 조상의 자손들이란 점에서 하나의 백성임에 분명하다. 그러나 이 자손들은 오로지 하느님께서 자손들을 직접 선사하셨고, 또 아브라함이 믿었기 때문에 존재한다.

이사악과 야곱에 의해 시작된 이스라엘의 구체적인 존재, 우리 인간의 이해력을 넘어서는 하느님의 충실성을 항상 새롭게 보여 준다. 이렇게 작은 민족이 단순한 종족적 정체성에서 출발하여, 그와 같은 결속력을 가진다는 것은 혼자의 힘으로는 분명히 불가능한 일이다: "주님은 약속하신 자비를 기억하시어 당신 종 이스라엘을 도우셨습니다. 우리 조상들에게 약속하신 대로 그 자비를 아브라함과 그 후손에게 영원토록 베푸실 것입니다"(루가 1,54-55).

하느님의 이런 충실성은 일방적인 것이 아니라, 아브라함의 신앙적 충실성과 결속된 것이다: "네가 네 아들, 네 외아들마저 서슴지 않고 바쳐 충성을 다하였으니, 나는 나의 이름을 걸고 맹세한다. 이는 내 말이라, 어김이 없다. 나는 너에게 더욱 복을 주어 네 자손이 하늘의 별과 바닷가의 모래같이 불어나게 하리라. … 네가 이렇게 내 말을 들었기 때문에 세상 만민이 네 후손의 덕을 입을 것이다"(창세 22,16-18).

하느님께서 "아브라함과 그 후손을 위하여 영원히" 충실하다는 것은 이스라엘의 어떤 불충실로부터, 백성의 어떤 죄로부터, 더 나아가 메시아 예수를 인정하지 못하거나 또 거절한 것으로부터도 결코 파괴될 수 없는 것이다. 그래서 바울로는 로마 공동체에 보낸 편지에서 "하느님께서 한 번 주신 선물이나 선택의 은총은 다시 거두어 가시지 않습니다"(로마 11,28-29)라고 말한다. 바울로는 결정적인 대답을 이끌어 내기 위해 두 번에 걸쳐 질문한다: "나는 또 묻겠습니다.

하느님께서 당신의 백성을 버리셨다고 할 수 있겠습니까?"(로마 11,1). "그러면 이스라엘이 걸려 넘어져서 완전히 패망하고 말았다고 할 수 있겠습니까?"(로마 11,11).

이 모든 것이 교회에 무엇을 의미하는가? 이스라엘에 대한 증오는 본질적으로 교회에 대한 증오요, 아니 이스라엘의 하느님에 대한, 혹은 우리 주 예수 그리스도의 아버지 하느님에 대한 증오라는 것을 일깨워 준 쇼아Shoah(인종청소)로부터 받은 깊은 인상 때문에라도 여기에 대한 깊은 회개, 혹은 진정한 통회가 필요하다고 생각된다.

이 점에 대해 이야기할 것이 많지만 여기서는 이미 부분적으로 실천하고 있는 회개가 필요한 세 가지 주요 영역을 언급하고자 한다. 『가톨릭 교회 교리서』는 다음과 같은 방향을 제시한다.

1. 그리스도는 그분의 오심과 분리되어 생각될 수 없다. 교리서는 주님 공현 축일을 묵상하면서 그것을 제시한다.[36] "동방 박사"(마태 2,1-12 참조)는 "이방인들의 교회"를 표현하는 것이다. 동방 박사들은 오늘날까지 이방인들이 그리스도께 도달할 수 있는 항구하고 유효한 길을 보여 준다.[38] 교리서는 이렇게 말한다: "박사들이 '유다인의 왕에게 경배하러' 예루살렘에 온 것은(마태 2,2 참조), 다윗의 별이 비추는 메시아의 빛을 받아, 장차 만민의 왕이 되실 분을 이스라엘에서 찾았음을 보여 준다. 동방 박사들이 찾아온 것은 이방인들이 유다인을 향하고, 그들로부터 구약에 담겨 있는 메시아에 대한 약속을 받아들일 때만 예수님을 찾을 수 있고, 그분을 하느님의 아들과 온 세상의 구원자로 경배할 수 있음을 의미한다. 주님 공현은 '많은 이방인들이 구약 성조들의 가문에 들어가고'[38] 이스라엘의 특전을 누리게 된다는 사실을 나타낸다"(부활 성야 제3독서 후 기도).[39]

특별히 압축된 앞 문장에서 첫째로 강조한 것은, 백성들이 이스라엘의 하느님을 경배하러 시온 산으로 모이리라는 옛 약속의 성취다. 예수님의 사명은 처음부터 드러난다. 이 약속의 성취가 예수님의 사명이지만 이는 시온의 성전에서가 아니라 자신의 존재 안에서 성취하신다: "유다인과 이방인을 화해시켜 하나로 만드시고"(에페 2,14).

이방인의 종교, 이 세상의 종교들은 "하느님 나라를 찾을 수 있는 길로 사람들을 인도하는 별이 될 수 있다. 이들 종교들의 별은 예루살렘을 향하여 인도하고 사라졌다가 하느님 말씀 안에, 이스라엘의 성서 안에 다시 나타난다. 거기 담긴 하느님 말씀은 그것 없이 혹은 그것을 벗어나서는 목표를 발견할 수 없는 참된 별로 나타난다".[40]

이것은 무엇을 의미하는가? 여러 이방인들이, 백성들이, 종교들이 그리스도를 발견하고 또 그리스도의 교회가 될 수 있는 것은 다만 이스라엘에게 주어진 약속을 받아들이고, 이스라엘의 역사가 그들의 역사로 받아들일 경우뿐이다. "구원은 유다인에게서 오기 때문이다"(요한 4,22). 구약성서를 통해 말하고 있는 하느님의 계시를 믿음으로 받아들이지 않고서는 예수께 향하는 문도 없고, 하느님의 백성이 될 수도 없다.

구약성서는 예수 그리스도를 준비하는 하느님의 위대한 교리서이고, 또 그렇게 남아 있다. 그래서 구약성서를 다른 종교들의 어떤 저서로 대체할 수 없다. 구약성서의 난해함을 전례에서 구약 독서를 없애는 것으로는 해결할 수 없고 그리스도에 비추어 구약성서를 읽고, 사랑하고 배우고 해석함으로써 해결할 수 있다. 카르투지오회의 한 수사가 "구약성서는 하느님의 사랑 이야기"[41]라고 나에게 이야기했다.

2. 구약성서의 올바른 독서에 대한 것, 아니 구약과 신약 성서의 관계에 대한 문제다. 교리서는 "예형론"에서 신구약 성서가 하나라는 것에 대한 최상의 표현을 발견한다. 여기서 성서 주석 방법론의 하나를 말하려는 것이 아니라, 구원사에 대한 깊은 신학적 전망을 말하고자 한다. 예형론은 본문을 해석하기 위한 하나의 방법론이 아니라, 구원사의 사건들에 대한 구체적인 전망이다. 예형론은 하느님의 구원 계획이 하나라는 사실과 구약의 구원 사건들이 신약의 그것들을 예고한다는 것에 의거한다. 그 사건들은 "때가 찼을 때 강생하신 당신 아드님의 인격 안에서 이루신 일들의 예형"[42]이다. 방주가 노아와 그 가족들을 구한 것과 동일하게, 아니 그 이상으로 지금은 세례성사가 우리를 구한다(1베드 3,21 참조).

이것은 항상 반복해서 주장되었듯이 구약성서의 평가절하가 아니다: "성조들에 대한 부르심이나 출애굽 사건이 하느님 계획의 중간 단계라고 해서, 하느님 계획에서 그 고유한 가치를 잃지는 않는다."[43] 예형론은 오히려 "하느님 계획의 완성을 향한 역동적인 순간"[44]을 뜻한다.

그러나 이것은 교회가 구약에서 분리될 수 없음을 의미한다. 그렇지 않다면 하느님은 아브라함의 하느님, 이사악의 하느님, 야곱의 하느님, 죽은 이들의 하느님이 아닌 산 이들의 하느님(마르 12,26-27 참조)이시기에 하느님 자체를 부정해야만 한다.

3. 특별히 놀라운 점은 율법과 복음의 관계다. 만약 교회가 구약에서 기묘하게 준비되었다면, 어떤 의미에서 율법이 복음을 준비하였는가? 율법과 복음을 서로 대립되는 구조 속에서 파악하는, 오늘날 널리 유포된 시각에 반대하여, 교리서는 이들의 관계를 약속과

성취의 관계로 파악한다: "주님의 산상설교는 옛 법의 윤리적 규정들을 폐지하거나 과소평가하지 않고, 오히려 그 규정 안에 감추어져 있는 가능성을 드러내고, 새로운 요구들을 분출하게 한다. 산상설교는 옛 법의 신적이며 인간적인 진리를 모두 드러낸다. 산상설교는 새로운 외적 규정을 첨가하지 않지만, 행동의 근원인 마음을 개선하도록 인간을 이끈다. 마음은 인간이 깨끗한 것과 더러운 것 중에서 선택하고, 믿음과 희망과 사랑이 심화되며, 이러한 덕들과 더불어 다른 덕성들이 다져지는 본래의 자리이다."[45]

가톨릭의 위대한 전통인 교리서의 흐름에 따라 왜, 그리고 어떻게 예수께서 율법을 완성하시는지를 성찰하고 묵상하는 것은 충분한 가치가 있다. 유다 전통에는 율법서를 마치 애인인 양 부여잡고 시나고가에서 춤을 추는 "시맛 토라" 축제가 있다.[46] 하느님의 율법 속 기쁨은 하느님의 더욱 고유한 뜻에 따를 때 한 개인의 마음에서 우러나오는 것이기에 이토록 크다. 유다 전통에 따르면 하느님께서 태초에 하늘과 땅, 율법을 창조하셨다. 율법은 하느님 마음의 계획이요, 이에 따라 하느님께서 세상을 창조하셨고, 끝으로 당신 백성에게 계시하신 것이다. 이 이유로 하느님의 율법에 전적으로 충실한 것보다 더 큰 기쁨은 없다. 더 나아가 예수께서는 이것이 그분의 양식이라고 말씀하신다(요한 4,34 참조).

여기에서 다룬 모든 것들은 다만 스케치일 뿐이고, 언급만 했을 뿐이다. 처음에 시작한 곳으로, 즉 유다인 졸리Zolli와 그리스도의 신비로운 만남이 이루어진 시나고가로 다시 돌아가 본다면 결정적인 요소를 알아차릴 수 있다. 이 발현은 랍비가 율법을 모신 감실 앞에 있을 때 발생한 것이다. 그리스도께서 바로 "율법의 완성"이 아니신가? 그분이 바로 "시작"이요, 그분 안에서, 그분을 통하여, 그분을 향하여 하느님께서 모든 것을 창조하시고, 그분 안에서 하느님의 계획인 교회가 실현되지 않는가?

시나고가 앞 피에를레오니의 룽고테베레 길에 아주 자그마한 성 그레고리오 성당이 있다. 성당 현관에 라틴어와 히브리어로 유다인의 회개를 촉구하는 글이 적혀 있는데, 이곳에서 몇 세기 동안(비오 5세~비오 9세) 유다 공동체의 참석이 강요된 "유다인에 대한 설교"가 행해졌다. 그러나 지금은 회개해야 할 시대가 아닐까? 유다 구역 Ghetto의 문 안에 있는 이 성당은 하느님이 사랑하시고 선택하신 백성이 겪은 오랜 고통의 역사를 증언한다. 교회가 구약 안에서, 또 이스라엘 백성의 역사 안에서 기묘하게 준비되었다는 것이 오늘날에도 이스라엘 백성의 현존을 통하여 유효한 것이고, 주님 몸소 교회를 완성하실 때까지 유효하다는 공의회의 표현을 우리는 오늘날 더욱 깊이 이해하고 있을 것이다.

주

[1] J. Daniélou, *Gebet als Quelle christlichen Handelns* (Einsiedeln-Freiburg 1994) 123.
[2] 교리서 761항.
[3] 교리서 385항.
[4] 교리서 388항.
[5] 교리서 389항.
[6] 교리서 389항.
[7] 교리서 404항.
[8] 교리서 396항 참조.
[9] 교리서 511항 참조.
[10] Schönborn-Görres-Spaemann, *Zur kirchlichen Erbsündenlehre* (Einsiedeln - Freiburg 1991) 63-64.
[11] 교회헌장 9항.
[12] R. Guardini, *Der Anfang aller Dinge* (Mainz - Paderborn 1987) 90.
[13] 교리서 533항.
[14] 노동하는 인간 9항.
[15] 교리서 2427항.
[16] R. Guardini, 앞의 책 105.
[17] 같은 책 107.
[18] 교리서 405항.
[19] 사목헌장 37항; 교리서 409항.
[20] 교리서 1803항.
[21] 교리서 817항.
[22] 교리서 1264항 참조.
[23] 교리서 58항.
[24] 선교교령 11항.

[25] 교회헌장 48항.

[26] 비그리스도교 선언 2항.

[27] 교리서 398항 참조.

[28] J. Ratzinger, *Die Einheit der Nationen* (Salzburg 1971) 20f. 참조.

[29] 교리서 57항 참조.

[30] 교리서 2239항; 2310항 참조.

[31] 교회헌장 2항; 교리서 759항.

[32] 교리서 59항.

[33] 교리서 60항.

[34] 교리서 62항.

[35] 교리서 63항.

[36] 교리서 528항 참조.

[37] J. Ratzinger, *Evangelium, Katechese, Katechismus* (München - Zürich - Wien 1995) 63-83 참조.

[38] 성 대 레오, 설교집 33,3.

[39] 교리서 528항.

[40] J. Ratzinger, 앞의 책 66.

[41] J.M. Garrigues, *Ce Dieu qui passe par les hommes. Conférences de Carême* II (Paris 1993) 98-99 참조.

[42] 교리서 128항.

[43] 교리서 130항.

[44] 교리서 130항.

[45] 교리서 1968항.

[46] Bella Chagall, *Brennende Lichter* (Hamburg 1966) 참조.

제3장

마지막 시대에 세워진 교회

첫째 묵상: 그리고 말씀이 사람이 되셨다

"'때가 찼을 때에 하느님께서 당신의 아들을 보내시어 여자의 몸에서 나게 하시고 율법의 지배를 받게 하신 것은, 율법의 지배를 받고 사는 사람을 구원해 내시고 또 우리에게 당신의 자녀가 되는 자격을 얻게 하시려는 것이었습니다'(갈라 4,4-5). 곧, 하느님께서 당신 백성을 찾아오셨다는 것이 '하느님의 아들 예수 그리스도에 관한 복음'이다(마르 1,1 참조). 하느님께서는 당신의 '사랑하는 아들'(마르 1,11 참조)을 보내 주시어, 아브라함과 그 후손에게 약속하신 바를 전혀 예기치 못한 방법으로 이행하셨다."[1]

이 말씀으로 『가톨릭 교회 교리서』는 예수 그리스도에 관한 부분을 시작한다.

만일 "사람이 되신 말씀의 신비 안에서만 참으로 인간의 신비가 밝혀진다"[2]는 것이 사실이라면, 교회의 신비에 관해서는 더욱 그러하다. 교회의 모든 빛은 그리스도로부터 나온다. 이러한 확신과 함께 공의회의 「교회헌장」첫 문장이 시작된다: "인류의 빛Lumen Gentium은 그리스도이시다. 그러므로 성령 안에 모인 이 거룩한 공의회는 모든 사람에게 복음을 선포하며(마르 16,15 참조), 모든 사람을 교회의 얼굴에서 빛나는 그리스도의 빛으로 비추어 주기를 간절히 염원한다."[3] 그리스도는 모든 것의 정점이고 정의의 태양이시며, 교회는 자신을 비추는 그리스도 외에 다른 빛을 가지고 있지 않다. 그런데 이것은 교부들이 자주 사용하는 비유를 빌리자면, 달이 태양의 빛을 받아 반사하는 것과 같은 것이다.[4] 이것은 순례의 여정에서 태양이신 그리스도와 함께 "해와 달이 다 닳도록"(시편 71,5 아우구스티노의 해석에 따르면) 머물면서, 순례의 모든 고통을 떨쳐버리기를 갈망하는 교회의 처지를 나타낸다.

오늘날 교회의 상황에서, 우리는「교회헌장」첫 문장의 내용이 실제로 충분하게 실현되었는가라는 한 가지 염려스러운 의문에 직면하게 된다. 우리는 실제로 충분하게 그리스도의 빛 안에서 교회를 바라보고 그분과 관계를 맺고 있으며, 교회의 존재 근거를 그리스도 안에 두고 있는가? 사람들은 교회에 대해 너무 많은 이야기를 하고 있는 것은 아닌가? 교회는 너무 자신의 일에만 몰두해 있는 것은 아닌가? 라찡거 추기경은 1985년에 이미 제2차 바티칸 공의회 기념 특별 시노드에서 이 같은 진단을 한 바 있다.[5] 교회가 그리스도를 향해 있을수록 교회는 더욱 빛나고 그 아름다움도 만개할 것이다.

또 한 가지 걱정스러운 현상은 교회의 발언 내용에서 점점 더 그리스도의 부재가 확연해진다는 것이다. 교회 내의 많은 역할들, 그리고 실천운동 양식들과 그 지침을 다루는 일부 사목 프로그램에서는 단 한 번도 그리스도의 이름이 직접적으로 거론되지 않은 경우가 있다. 일부 사람들은 교회가 그리스도에 관한 것보다는 하느님께 관해 더 많이 언급해 주기를 드러나게 요구하는데, 그렇게 함으로써 다른 일신교들과의 차이를 아주 두드러지게 하지 않으려고 하는 것이다. 오랜 기간에 걸쳐 이 같은 경향은 그리스도의 신성에 관한 신앙의 훼손과 하느님 아들의 육화에 관한 신앙의 훼손을 교활하게 준비해 왔다. 하지만 교회는 본질을 온전히 그리스도로부터 받고 우리는 성탄의 문을 통해 교회의 신비로 가까이 다가간다. 물론 이것을 역으로 이야기할 수도 있다. 우리는 신앙 공동체의 여정을 통해서만 "사람들 가운데 있는 하느님의 장막"으로 그리고 구유로 가는 길을 찾을 수 있다: "교회를 어머니로 삼지 않는 사람은 누구도 하느님을 아버지로 삼을 수 없다"[6]고 치프리아노Cyprianus 성인은 말했다.

사실 그리스도와 교회는 하나다. 『가톨릭 교회 교리서』는 성녀 잔 다르크가 그리스도는 신뢰했지만 교회는 신뢰하지 않았다고 보는 신학자들의 판결에 대해 성녀 잔 다르크가 말한 단순하면서도 명확하고 훌륭한 답변을 인용하고 있다: "예수 그리스도와 교회는 하나라고 생각합니다. 어렵게 생각할 것 없습니다."[7] 그러므로 이 부분에서 우리 묵상의 주제는 그리스도와 교회에 대한 것이다.

『가톨릭 교회 교리서』의 서문으로 돌아가자. 이 서문은 그리스도께 대한 신앙고백으로 우리들을 인도한다: "'때가 찼을 때에 하느님께서 당신의 아들을 보내시어 여자의 몸에서 나게 하시고 율법의 지배를 받게 하신 것은, 율법의 지배를 받고 사는 사람을 구원해 내시고 또 우리에게 당신의 자녀가 되는 자격을 얻게 하시려는 것이었습니다'(갈라 4,4-5)."

바울로 사도의 그리스도께 대한 중심적인 신앙고백 안에서 우리는 네 가지 묵상 요소들을 발견한다:

1. "하느님께서 당신의 아들을 보내시어 여자의 몸에서 나게 하셨다." 육화의 신비가 우리의 첫 주제다.
2. 아들을 보내신 것은 우리에게 자녀가 되는 자격을 주기 위함이다. 둘째 묵상은 예수께 대한 신비로, 자녀의 구체적인 형태에 대해서 다룰 것이다.
3. "우리"라는 것, 공동체, 교회, 그분은 바로 이러한 목적을 위해 파견되셨다. 우리가 "이 바위 위에"(마태 16,18)에 대해 묵상한다면, 그것은 공동체인 교회 설립에 관한 것이다.
4. 율법의 지배로부터 "해방", 그리고 구원에 관한 것으로, "그리스도의 옆구리에서" 태어난 교회이다.

내 고향 빈의 교회들과 스테파노 주교좌 성당에서는 대축일에 관현악 미사곡을 연주하고 노래 부른다. 모차르트나 하이든, 슈베르트나 브루크너 등 어느 작곡가의 곡이건 「사도신경」의 "사람이 되셨음"Et incarnatus est을 고백하는 부분은 모두 경건하고 부드럽다. 마치 음악 자체가 무릎을 꿇고 경배하려는 것처럼 여겨진다.

"어서 가 경배하세!"

우리는 지금 육화의 대희년에 가까이 다가가고 있기 때문에, 우리의 생각과 기도도 무릎을 꿇고 성탄 밤의 신비를 경배해야 할 것이다. 대희년을 기회로 「사도신경」의 "사람이 되셨음"을 고백하는 부분에서 무릎을 꿇는 자세를 다시 취할 수도 있다. 『가톨릭 교회 교리서』는 이름을 밝히지 않은, 이 세대의 한 영적 스승이라고 밝힌 저자의 다음과 같은 아름다운 "짧은 글"[8]을 싣고 있다: "목자이든 동방 박사이든 누구나 베들레헴의 구유 앞에 무릎을 꿇고, 연약한 어린 아기 안에 숨어 계신 하느님을 경배해야만 이 세상에서 하느님께 다가갈 수 있다."[9]

마음을 다하여 의지와 하나 되어 우선 무릎을 꿇고 경배해야 하는 것은 이성이다. 하지만 그렇게 한다는 것이 이성으로서는 얼마나 큰 요구인가! 몇 년 전 영국의 신학자 한 그룹이 "인간이자 하느님이신 예수님의 실제성은 하느님의 신성에도, 인간의 인간성에 있어서도 또한 상충된다"라고 이의를 제기했던 적이 있다.[10] 그렇다면 이는 결국 역사적 사실성이 없는 신화적인 말이 되고 만다. 이러한 경우라면 동정 마리아께 잉태되신 예수, 빈 무덤, 부활하신 예수께서 육신을 지니고 계셨다는 것도 역시 신화가 된다. 그렇다면 인간적이고 신적인 신비인 교회는 어떻게 그의 실제성을 지닐 수 있을 것인가?

부활 사건 이후 수년간, 그리스도인들은 필립비인들에게 보내는 서간에서 바울로 사도가 전해 준 찬가를 불렀다(필립 2,6-11 참조). 이 서간에서 그리스도는 그분의 신적인 형태 안에 이미 존재하시는 분으로 경배받으시며, 죽기까지 순명하시면서 우리와 같은 종의 모습으로도 경배받으시며, 뿐만 아니라 하늘과 지상 그리고 지하에서도 모든 피조물들이 그분께 무릎을 꿇고 경배함을 이사야서(45,23 참조)의 하느님께 관한 말씀을 통해 말한다. 바로 이 점이 유다교인이나 이슬람교인들에게는 커다란 걸림돌이다.

유다인 출신으로 도미니코회 회원이며 주석학자인 프랑수아 드레퓌스P. François Dreyfus는 여기에 대해 다음과 같이 서술하고 있다: "정통 유다인에게 있어서 육화의 신비에 대한 신앙을 표현한다는 것이 상당히 어려운 것임을 가늠하기 위해서는 바울로 사도께서 하셨던 것과 같은 영적 여정을 스스로 체험해 보아야 한다. … 그후에야 신앙의 빛 안에서, 삼위일체와 육화 교의가 이스라엘의 유일신 교리에 상충되지 않는다는 것을 발견할 수 있게 된다."[11]

"하느님을 믿고 또 나를 믿어라"(요한 14,1). 오만의 망상에 사로잡히지 않고서야 어떤 사람이 이렇게 말할 수 있을까? 어떤 사람이 그분의 가르침에 대해서 말할 수 있을까? "하늘과 땅은 사라질지라도 내 말은 결코 사라지지 않을 것이다"(마태 24,35). 예수님의 거룩하심 앞에서 베드로는 자신이 죄인임을 깨닫고 그분을 찬양하며 무릎을 꿇는다(루가 5,8 참조). 태생소경이 그분 앞에 엎드려 자신의 신앙을 고백한다(요한 9,38 참조). 제자들이 그분께 드린 특별한 이름 "주님"은 또한 그분께 대한 경배를 표현한다.[12] 아버지이신 유일한 하느님께 대한 신앙과 주님이신 예수 그리스도께 대한 신앙은 불가분의 관계에 있다(1고린 8,6 참조).

"하느님의 아들이 참으로 강생하셨다는 신앙은 그리스도교 신앙의 특징이다."[13] 탐구하는 이성은 경배하는 신앙 안에서 빛을 받을 수 있고, 그 빛 안에서 육화의 신비가 빛나고 육화의 신비가 이해되기 시작한다. 그러면 빛은 인간적인 동시에 신적인 모든 사물들, 즉 인간과 교회의 신비를 밝힐 수 있는 놀라운 힘을 받게 된다.

특별한 방법으로 신적인 동시에 인간적인 교회의 구조를 다룬 두 공의회 문헌이 있다. 첫 문헌은 전례 안에서 그리스도의 신비와 "참 교회의 진정한 본질"을 표현하는 「전례헌장」 *Sacrosanctum Concilium* 둘째 항목이다: "교회의 특성은 인간적인 동시에 신적이며, 보이면서도 보이지 않는 것을 지니고, 열렬히 활동하면서도 관상에 전념하고, 세상 안에 현존하면서도 다만 나그네인 것이다. 이렇게 교회 안에서 인간적인 것은 신적인 것을 지향하고 또 거기에 종속되며, 보이는 것은 보이지 않는 것을, 활동은 관상을, 현존하는 것은 우리가 찾아가는 미래의 도성을 지향한다."[14]

둘째 문헌은 아주 중요한 문헌으로 교회의 신비에 관한 제2차 바티칸 공의회의 핵심적인 증언이다. 세심하게 작성된 이 문헌은 네 쌍의 개념들을 통해 "유일한 중재자이신 그리스도"의 하나인 교회에 관해 제기된 논란의 소지들을 없애버린다. 그리스도께서 이 땅 위에 세워 끊임없이 지탱해 주시는 교회는 "믿음과 희망과 사랑의 공동체"인 동시에 "가시적인 구조"이며, "교계 조직으로 이루어진 단체"인 동시에 "그리스도의 신비체", "가시적인 집단"인 동시에 "영적인 공동체", "지상의 교회"인 동시에 "천상의 보화로 가득찬 교회"이다.

결론지으면 이러한 네 쌍의 개념들은 "두 개가 아니라 인간적 요소와 신적 요소로 합성된 하나의 복합체를 이룬다고 보아야 한다".[15]

교회에 관한 공의회의 정교한 표현들은 계속 이어진다: "그러기에 훌륭한 유비로 교회는 강생하신 말씀의 신비에 비겨지는 것이다. 하느님의 말씀께서 받아들이신 본성도 구원의 생명체로서 말씀과 떨어질 수 없도록 결합되어 말씀에 봉사하듯이, 다르지 않은 모양으로 교회의 사회적 조직도 교회에 생명을 주시는 그리스도의 성령께 봉사하여 그 몸을 자라게 한다."[16]

교부들과 성 토마스가 자주 사용한 상징에 의하면 그리스도의 인성이 그리스도 신성의 "살아 있는 구원의 도구"라는 것이다. 공의회는 그리스도께 대한 올바른 신앙고백에 관한 1세기의 오랜 논쟁에서 "그분 안에 받아들여진 인간 본성이 소멸되지 않았음"[17]을 확고히 하였다. 그리스도의 인성은 수동적 도구가 아니다. 그리스도는 한 인간의 영혼과 이성과 의지를 지니셨고 사람의 마음을 지니셨다. "그분은 당신의 인간적인 마음으로 우리 모두를 사랑하셨다."[18]

교회에 관해서도 마찬가지다. 교회는 수동적 도구가 아니라 그 구성원 모두의 인간적인 은사와 개인과 공동체 모두의 인간적인 협력과 함께 성령에 의해 살아가는 "사회적인 조직"이며, 또한 그 모든 것은 "그리스도의 성령께 봉사하여 그 몸을 자라게"[19] 하기 위한 것이다. 그리스도는 "지속적으로" 교회를 지탱하시며, "가시적인 구조"인 교회를 지탱하신다. 하지만 그리스도 그분과는 다르게 교회는 아직도 그분을 향해 성장해야 하고, "끊임없이 참회와 쇄신"[20]을 계속해야만 한다. 그리스도께서는 완전하시지만, 교회는 "세상의 박해와 하느님의 위안 속에서 나그넷길을 걷는다".[21] 또한 교회는 그분의 사랑받는 신부로서 그 안에 이미 그분의 영광을 지니고 있다: "예루살렘의 아가씨들아, 나 비록 가뭇하지만 … 귀엽다는구나"(아가 1,5).

베르나르도 성인은 이것을 다음과 같이 해석한다: "겸손이여! 숭고함이여! 향백나무 장막이며 하느님의 지성소, 지상의 거처이며 하늘의 궁전, 진흙집이며 왕의 궁궐, 죽음의 몸이며 빛의 신전, 교만한 자들의 업신여김을 받지만 그리스도의 신부로다! 예루살렘의 딸들아, 이 여인은 검지만 아름답고, 오랜 귀양살이의 수고와 고통으로 빛이 바랬지만, 마침내 천상 아름다움으로 꾸며진다."[22] 신부가 하는 모든 것 그것은 신랑의 덕택이다. 교회의 신비는 그리스도께 바탕을 두고 있다. 그리스도의 신비에로 가는 문은 성탄이다: "그리고 말씀이 사람이 되셨다." 우리가 계속해서 이 신비를 경배한다면, 교회의 신비에 대한 감각이 우리 안에서 자라게 된다. 「사도신경」의 "성령으로 인하여 동정 마리아께 잉태되어 나시고" 부분에서 고개를 깊이 숙이는 것이 교회의 신비를 이해하는 데 도움이 되길 바란다.

둘째 묵상: 예수님 생애의 신비들

"교리교육의 핵심에서 우리는 무엇보다도 한 인물, 성부의 외아들, 나자렛 사람 예수 그리스도라는 인물을 만나게 됩니다. … 교리교육은 그리스도라는 한 인물을 소개하여 하느님의 영원하신 계획 전체를 보여 주는 것입니다"[23]라고 「현대의 교리교육」은 말하고 있다. 그러나 좀더 부연하자면, 교리교육은 예수님을 표현하는, 예수께 대한 지식이 아니라 예수님의 삶을 전하고, 그분과 함께하는 삶의 친교다. 그래서 「현대의 교리교육」은 그 목표에 관해 다음과 같이 덧붙인다: "사람들이 예수 그리스도와 친교를 이루게 하는 것입니다. 그분만이 성령 안에서 아버지의 사랑으로 우리를 이끌어 주실 수 있으며, 우리를 거룩하신 성삼위의 생명에 참여토록 하실 수 있습니다."[24]

교회의 의미와 목적은 바로 이 삼위일체이신 하느님과 함께하는 삶의 친교다. 그래서 우리는 예수께서 교회의 기초가 되시고, 교회를 세우기를 원하셨는가에 관한 질문에 대해 우선적으로, 교회를 설립한 행위나 근거를 언급하거나 설립에 관한 역사적 과정을 제시하는 것으로 대답할 수 없다. 교회 설립의 역사성에 관한 질문은 중요한 것이며, 피해 갈 수 없는 것이다. 하지만 예수께서 어떻게 당신의 삶을 전달하셨고, 나누어 주셨는가에 관한 질문이 우선되어야 하며, 이것이 바로 예수님의 교회 설립에 관한 내용의 핵심인 것이다. 이 질문에 답하기 위해서 우리는 다시 강생의 신비를 주목해야 한다. 교황께서 자주 인용하시는 「사목헌장」의 이 구절은 대단히 중요한 핵심 내용을 담고 있다: "하느님의 아들이신 바로 그분께서 당신의 강생으로 당신을 모든 사람과 어느 모로 결합시키셨다."[25]

영원하신 성자의 강생은 당신의 삶을 완전히 인류에게 전하신 것이다. 이것은 가끔 교부들 안에서 당연한 과정으로 생각하였던 견해를 여러 비판가들이 염려하였듯이 저절로 이루어지는 당연한 과정으로 간주할 수 없다.

그렇다면 그리스도의 "삶의 전달"은 어디에 근거하는가?「현대의 교리교육」의 목표라는 "삶의 친교"는 어디에 있는가? 베드로의 둘째 서간은 우리가 "하느님 본성을 나누어 받게"(2베드 1,4) 될 것이라고 말하고, 여기에 이어서 교부들은 인간의 신격화에 대해서 말한다. 『가톨릭 교회 교리서』는 성 이레네오, 성 아타나시오, 성 토마스의 말로 이 이론을 요약한다:[26] "바로 이 때문에 '말씀'은 인간이 되시고, 하느님의 아들은 사람의 아들이 되셨다. 인간이 '하느님의 말씀'과 친교를 맺고 자녀 됨을 받아들여 하느님의 자녀가 되게 하시려고 성자께서 인간이 되셨다"(성 이레네오). "그분은 우리를 하느님이 되게 하시려고 인간이 되셨다"(성 아타나시오). "하느님의 외아들은 당신 신성에 우리를 참여시키시려고 우리의 인성을 취하셨으며, 인간을 신으로 만들기 위하여 인간이 되셨다"(성 토마스).

그러나 "인간이 신격화되었다"는 말은 구체적으로 무엇을 의미하는가? 그것은 하느님 안으로 우리 인성이 흡수되어 버리는 것을 의미하지는 않는다. 예수님은 참 하느님이시며 참 인간이시다. 성 막시모Maximus는 신적인 인간성, 신격화는 우리 인간존재가 변화되는 것이 아니라, 인간존재 양식이 새로워지는 것이라고 했다. 인성을 지니신 예수님의 신격화는 그분의 인간성이 없어지는 것이 아니라 인간존재의 새로운 방식을 통해 신격화되는 것이다. 즉, 그분이 말씀하시고 행하시고 존재하시는 모든 것 안에서 그분 홀로 아들이시다. 그분의 인성은 그 원천에서부터 아들의 신분이지 종의 신분은 아니시다.[27]

공의회는 「사목헌장」에서 앞에 인용한 구절에 이어 직접적으로 예수님 인성의 새로운 방식에 대해 고전적인 해석을 제시하였다: "인간의 손으로 일하시고 인간의 정신으로 생각하시고 인간의 의지로 행동하시고 인간의 마음으로 사랑하셨다."[28]

하느님의 아들은 인간의 마음으로 사랑하신다. 그분은 성자의 영원한 사랑을 당신의 인간적인 마음에 배어들게 하신다. 그분은 사람이시며 영원하신 성부의 사랑받는 아들이시다. 우리가 예수님의 인성에 참여할 때, 우리는 삼위일체이신 하느님의 생명에 참여한다.

성자 안에서 자녀가 되고 그분의 자녀 관계에 참여하는 것은 지극히 거룩하신 삼위일체의 마음 안에 있는 우리의 자리를 받는 것이다. 이런 이유로 우리는 "우리 마음속에 아빠, 아버지!라고 외치는 성자의 성령"(갈라 4,6)을 받았다.

그러므로 교회의 일원이 된다는 것은 근본적으로 예수님의 친자 관계에 참여하는 것을 의미한다. "우리의 마음을 당신의 마음과 같게 하소서." 이 청원은 하느님께 우리 마음이 자식의 마음이 되도록 해 달라는 것이다. "우리의 삶이 당신의 삶과 같게 하소서." 이것이 바로 교회의 성장을 위하여 청원할 때 우리가 할 수 있는 기도다. 교회의 일원이 된다는 것은 "여러분 속에 그리스도가 형성"(갈라 4,19) 되는 것을 의미한다.

어떻게 하면 이런 일이 가능할 수 있는가? 그것은 바로 예수님 생애의 신비에 우리가 참여함으로써 가능해진다.

『가톨릭 교회 교리서』는 예수님의 생애를 역사 비평적 방식 안에서 재현하는 것이 아니라, 교회의 교부들과 근대 영성의 대가들이 — 성 이냐시오에서부터 시작하여 프랑스 학파를 거쳐 마르미온Dom Columba Marmion에 이르기까지 — 예수님의 생애를 읽고 해석한 "예수님 생애의 신비" 관점에서 표현하려는 것은 잘 알려진 사실이다. 이는 또한 우리가 예수님 생애를 바라볼 수 있도록 전례가 권장하는 방법이기도 하다. 주님 축일에 우리가 예수님 생애의 사건들을 기념하거나 이 신비에로의 참여를 기념하는 것이 바로 그러한 방법이다. 예수님의 생애는 우리 안에 그분이 계시고, 그분 안에 우리가 있는 식으로 우리의 것이 되어야 한다.

『가톨릭 교회 교리서』는 모든 예수님의 신비에 공통된 몇 가지 특징과 우리가 이 신비에 참여할 수 있는 몇 가지 방법을 제시한다.

그렇다면 예수님의 신비에서 무엇을 이해해야 하는가? 먼저, 참 하느님이시며 참 인간이신 예수님의 생애를 바라볼 수 있는 특정한 방법을 이해해야 한다. 이 신앙 안에서 그분의 생애를 주시하는 사람은 거기서 그분의 내적 신비의 자취를 도처에서 보게 된다: "당신 탄생 때의 포대기에서부터 수난의 신 포도주와 부활 때의 수의에 이르기까지 예수님 생애의 모든 것은 그분의 신비를 가리키는 표징이다. … 그분의 인성은 이처럼 '성사', 곧 그분의 신성과 그분께서 가져오시는 구원의 징표와 도구로 나타난다. 그분의 지상 생활에서 엿볼 수 있는 것은 보이지 않는 신비, 곧 그분이 하느님의 아들이시며 구원의 사명을 수행하신다는 사실이다."[29] "예수님 생애의 신비들"은 그분의 모든 생애가 "구원의 성사"임을 의미한다. 『가톨릭 교회 교리서』는 예수님 생애의 성사성에 관해서 다음 세 가지 특징을 제시한다:

1. "그리스도의 생애 — 말씀과 행동, 침묵과 고통, 존재와 표현 방식 — 는 성부의 '계시'이다."[30] 따라서 예수님의 말씀, 행동, 극적 사건, 작은 암시들을 통해 그분의 생애에 침잠해서 그 생애를 세세히 묵상하는 것은 중요하다. 예수님 생애의 모든 것은 당신의 말씀을 완성하기 위한 것이었다: "나를 보았으면 곧 아버지를 본 것이다"(요한 14,9).

물론 이것은 우리가 공의회를 통해 확실하게 믿고 고백하는 것을 전제로 한 것이다: "거룩한 어머니인 교회는 … 네 복음서가 역사성을 지니고 있음을 서슴지 않고 단언하며, 성자 예수님께서 사람들 가운데서 함께 사시며 인간의 구원을 위하여 하늘에 올림을 받으신 그 날까지 활동하시고 가르치신 바를 충실하게 전하고 있음을 확고하고 항구하게 주장해 왔고 또 주장하고 있다."[31]

그러므로 이냐시오 성인의 『영신 수련』에서 제안한 "감각들의 적용"과 "장소의 구성"을 묵상에서 실제로 행하는 것이 가능하다(『영신 수련』 47). 이는 정확히 나타났다. 예수님 생애의 극적 장면을 적극적이고 감각적으로 묵상하는 것은 그리스도교 예술에 지속적이고 풍부한 자극이었고, 우리의 비판적인 시대에까지 예수님 생애를 공경하고 명상하는 데 결코 지치지 않았다.[32] 200여 년 전부터 시작된 복음의 역사적 신뢰성에 대한 깊은 불신은 이런 생동적인 묵상을 방해한다. 반면에 역사적 비평은 예수님의 시간과 공간, 행동과 말씀의 유다적 뿌리에 대한 우리의 지식을 더 생동적으로 또 엄청나게 풍부하게 만들었다. 오히려 이 비판 때문에 그분은 우리에게 오늘날 더 살아 계시는 분으로, 더 인격적이신 분으로, 더 현존하시는 분으로 계시지 않은가? 그래서 감히 말하자면 더 육화되신 분이 아닌가?

2. "그리스도의 전 생애는 '구속'의 신비이다. 구속救贖은 무엇보다도 십자가에서 흘리신 피를 통해서 우리에게 주어지지만, 이 신비는 그리스도의 전 생애에 걸쳐 이루어지고 있다."[33] 그분의 가난, 그분의 순명, 그분의 배고픔 그리고 목마름, 친구들에 대한 그분의 눈물, 그분 기도의 밤들, 인간에 대한 그분의 연민, 그분 생애의 모든 것이 구속하는 힘을 지닌다. 그러므로 그분 삶과의 친교는 구속하고 치유하는 것이다. 그래서 그분은 교회를 통해서 치유하신다.

3. "그리스도의 전 생애는 '총괄 실현'recapitulatio의 신비이다. 예수님께서 행하시고 말씀하시고 고통받으신 모든 것은 타락한 인간의 원초적인 소명을 회복시키기 위한 것이었다."[34]

성 토마스는 영수 은총gratia captis에 관한 그의 이론에서 이 사상을 전개하였다. 그리스도께서 살고 행하신 모든 것 안에서 그분은 새로운 인류의 머리가 되셨다: "그리스도는 또한 당신의 몸인 교회의 머리이십니다"(골로 1,18).

이것으로 우리는 이미 『가톨릭 교회 교리서』의 이어지는 설명들을 다 파악한 것이다. 즉, 예수님의 삶이 어떻게 우리 것이 되고, 우리가 어떻게 그분의 삶에 참여할 수 있는지에 대한 설명이다.

교황께서는 회칙 「인간의 구원자」Redemptor Hominis에서 "그리스도의 모든 풍요는 '모든 이를 위한 것이요, 모든 사람의 재산이다'"[35]라고 하셨다.

『가톨릭 교회 교리서』는 세 가지 방법을 언급하는데, 그 방법으로 그리스도께서는 당신의 삶이 우리 것이 되길 원하신다. 즉, 우리를 위해서, 우리보다 앞서, 그리고 우리 안에서 살아 계심을 통해서다.

1) "그리스도께서는 당신 자신을 위해서가 아니라 우리를 위하여 사셨다. '우리 인간과 우리의 구원을 위한' 강생에서부터 '우리의 죄 때문에'(1고린 15,3) 돌아가시기까지, 그리고 '우리를 의롭게 하기 위하여'(로마 4,25) 부활하시기까지 당신 일생을 사셨다. 지금 이 순간에도 그분께서는 '아버지 앞에서 우리를 변호해 주시고'(1요한 2,1), '항상 살아 계셔서 우리를 위하여 항상 중개자의 일을 하신다'(히브 7,25)."[36]

그리스도의 "선재"先在(Präexistenz)[37]의 유일한 이유는 하인즈 쉬르만 Heinz Schürmann이 언급한 것처럼 바로 그분의 사랑이다. 십자가의 성 요한은 "나를 위한"으로부터 결과를 도출시킬 때, 그분의 사랑으로 불타는 영혼의 기도에서 과장하지 않았다:

"하늘은 나의 것이다. 땅도 나의 것이다. 백성들, 의인들, 죄인들도 나의 것이다. 천사들도 나의 것이며, 하느님의 어머니와 모든 것이 나의 것이다. 하느님 그분도 나의 것, 나를 위한 것이다. 그 이유는 그리스도께서 나의 것이고 나를 위한 모든 것이기 때문이다."[38]

이것은 한 개인적인 신앙심의 표현이 아니라 교회의 근본이다. 그리스도는 우리의 생명이시다!

2) "예수님께서는 당신의 전 생애를 통해 우리의 모범이 되신다."[39] 강생은 예수님의 삶과 고통 그리고 죽음에서 보고, 듣고, 감지할 수 있는 것이 된 구원의 가시성을 의미한다. 그러므로 그리스도를 실제적으로 본받는 일은 항상 교회의 삶 일부를 이루며, 교회는 볼 수 있게 해 주는 성인들을 항상 필요로 한다. 우리는 그리스도를 본받음으로써 그분 삶에 참여자가 된다: "내가 너희에게 한 일을 너희도 그대로 하라고 본을 보여 준 것이다"(요한 13,15). 외적인 것과 내적인 것의 일치를 위하여 그리스도의 생애가 전적으로 우리의 것이 되어야 한다.

3) "그리스도께서는 몸소 살며 겪으신 모든 것을 우리가 당신 안에서 그대로 살게 하시고, 그분께서는 우리 안에서 그것을 살며 겪으신다. … 우리는 그분과 하나 되게 부름받은 사람들이다. 그분께서 우리를 위하여 우리의 모범으로 당신의 육신 안에서 사신 삶에 우리를 당신 몸의 지체로서 참여하게 하신다."[40]

『가톨릭 교회 교리서』는 예수님의 공적인 생애와 감추어진 생애의 신비에 대한 시각을 제시한다.[41] 말하자면 이어지는 『가톨릭 교회 교리서』 전체는 다음 관점에서 예수님 생애에 대해 전개하고 있다. 즉, 교회의 전례와 성사들은 예수께서 "우리를 위하여 한 번이지만 모두를 위하여"(히브 10,10) 행하신 것을 실제적으로 계속해서 행하는 것이다: "그리스도의 생애가 드러내는 신비들은 이제 그리스도께서 당신 교회의 봉사자들을 통하여 성사 안에서 나누어 주시는 것의 기

초가 된다. '우리 구세주에게서 볼 수 있었던 것이 그분의 성사들로 넘어갔기'(레오 대종) 때문이다".⁴²

『가톨릭 교회 교리서』 제3편은 "그리스도인의 삶"에 대해 제시하는데, 그리스도 안에서의 삶이란 관점에서 그리스도교 윤리를 보여 준다. 성 요한 에우데스Jean Eudes는 십자가의 성 요한의 말씀들을 구체적으로 표현한다. 만일 그리스도가 나의 전부라면 그분의 마음, 그분의 정신, 그분의 몸과 영혼, 그분의 모든 능력들도 나의 것이다. 나는 그 모든 것들을 그분을 위해서 그분과 함께 사용해야만 한다. 『가톨릭 교회 교리서』의 윤리에 관한 부분들을 읽을 때 이러한 관점들이 간과되지 않기를 바란다: "나는 그대에게 우리 주 예수 그리스도께서 그대의 참다운 머리이시며, 그대는 그분의 지체라는 사실을 잊지 말 것을 당부합니다. 그대와 예수 그리스도의 관계는 지체와 머리의 관계와 같습니다. 그분의 것은 정신, 마음, 육체, 영혼, 모든 능력 할 것 없이 다 그대의 것입니다. 그러므로 그대는 그것들을 자신의 것처럼 사용해서 하느님을 섬기고, 찬미하고, 사랑하고, 찬양해야 합니다. 지체들이 머리에 속해 있는 것처럼 그대는 그리스도께 속해 있습니다. 그러므로 그리스도께서는 아버지를 섬기고 찬양하기 위해 그대의 모든 것을 당신의 것처럼 쓰기를 간절히 원하십니다'(성 요한 에우데스)".⁴³

셋째 묵상: 그리고 이 반석 위에 …

교회의 두 가지 측면, 지상 위에 세워진 영적인 공동체와 가시적인 집단은 서로 분리될 수 없다. 가시적인 집단인 동시에 영적인 공동체인 교회는, 교회 설립 이전부터 독특하게 형성된 전前역사를 토대로 구체적인 역사를 가지고 있다. "주 예수님께서는 오래 전부터 성서에서 약속된 하느님의 나라가 다가왔다는 기쁜 소식을 선포하심으로써 당신 교회를 시작하셨던 것이다."[44]

"이 나라의 시작과 싹은 예수님께서 오시어 당신 주위로 불러모으신 사람들의 '작은 양 떼들'(루가 12,32)이며, 예수님께서 바로 그들의 목자이시다. 그들은 예수님의 참 가족을 이룬다."[45]

예수께서는 당신 친히 이 공동체에 삶의 규칙과 질서와 사명을 부여하셨다. 당연히 예수께서는 당신의 말씀과 가르치심을 통해서, 그리고 특별히 당신 자신의 인격 그 자체를 통해서 이 공동체의 중심이 되신다: "나를 따라오라"(마르 1,17; 2,14)는 말씀을 하시면서 예수께서는 당신 자신을 이 공동체의 출발점으로 삼으셨는데, 이는 어떤 율법학자들도 자기 제자들에게 요구하지 않았던 것이다. 율법학자들의 제자들에게는 모세 율법이 중심이었지만, 이 공동체에서는 예수님이 중심이시다. 모세 율법을 배우고자 하는 사람들은 스스로 율법학자를 찾아 나섰지만, 여기서는 그 반대다: "너희가 나를 택한 것이 아니라 내가 너희를 택하여 내세운 것이다. 그러니 너희는 세상에 나가 언제까지나 썩지 않을 열매를 맺어라"(요한 15,16).

예수께서는 당신 주변으로 모으신 이 가족에게, 즉 당신의 제자들에게 새로운 방식으로 행동하며 살아가는 것을 손수 가르치신다(마태 5-6장 참조). 또 그분은 제자들에게 새롭고도 고유한 「주님의 기도」를 가르치신다(루가 11,2-4).

이스라엘의 흩어진 양들을 불러 모으는(마태 15,24 참조) 당신의 사명과 잃어버린 양을 찾아 나서야 하는(루가 15,4-7 참조) 당신의 파견에 대해서 예수께서는 여러 가지 비유와 상징으로 말씀하신다. 이 비유와 상징은 "함축적인 교회론"을 담고 있는데, 예를 들면 단식에 대한 질문(마르 2,19), 가라지의 비유(마태 13,24), 또는 보물과 진주와 그물의 비유(마태 13,47) 등이 그 대표적인 것들이다. 사실, 이렇게 형상이나 비유로 예수께서 선포하신 것은 그분이 당신 주위에 불러 모으신 공동체 안에서 대단히 구체적으로 이미 실현된 것이었다. 이 점에 대해서 『가톨릭 교회 교리서』는 "주 예수님께서는 당신의 공동체에 하느님 나라가 완전히 이룩될 때까지 지속될 조직을 만들어 주셨다. 우선 베드로를 으뜸으로 하는 열두 제자를 선택하셨다. 이스라엘의 열두 지파를 대표하는 그들은 새 예루살렘의 주춧돌들이다"[46]라고 말하고 있다.

바로 이 직무 위에 지금 교회가 세워져 있고, 교회는 그리스도와 직접 생명의 친교를 나누고 있지 않은가? 그렇다면 이 교회가 가지고 있는 "구조"는 어떤 역할을 하는가? 여기에 대해서 『가톨릭 교회 교리서』는 이렇게 말한다: "교회 안에서 '가실 줄 모르는 사랑'(1고린 13,8)으로 하느님과 인간들이 이루는 이 일치가 바로, 지나가는 이 세상과 관련된 교회 안의 모든 성사적 도구의 목적이다.[47] '교회의 구조는 온전히 그리스도 지체들의 거룩함을 위해 있다. 이 거룩함은 신부가 신랑의 선물에 사랑으로 응답하게 되는 저 큰 신비에 따라 측정된다'.[48] 마리아는 티나 주름이 없는 신부(에페 5,27 참조)와 같은 교회의 신비인 거룩함에서 우리 모두를 능가한다. 그러므로 '교회는 베드로적인 차원보다 마리아적인 차원이 앞선다'[49]."[50]

여기에 하나의 구분이 있어야 한다고 본다. 즉, 교회의 제도적이며 성사적인 조직으로서의 교계체제는 조직을 위한 방편으로 이해되어야 한다는 것이다. 이 방편들이 지향하는 유일한 목표는 바로 "교회의 신비"를 형성하는 거룩함이다. 바로 여기에서, 교회가 가진 이 본질적인 면을 아주 구체적으로 구현시키는 분이 성모 마리아라고 말하는 이유를 알 수 있다. 여기에서 자주 오해되기도 했던 보편 사제직과 교계 사제직 사이에 본질적인 차이점을 구분하는 것이 중요하다.[51]

보편 사제직은 그리스도 안에서의 새로운 삶이나 성령과 물에 의한 새로운 탄생이라는 의미에서 궁극적인 목적을 지향한다. 그런데 사제서품을 통해서 받게 되는 사제직은, 주님께서 이 사명을 실현하도록 하기 위해서 당신의 교회에 부여하신 방편이다.

교회 직무자들의 역할은 예수 그리스도의 성사가 되는 것으로 도구이며, 중재자 그리고 그분의 종인 것이다. 교회를 그리스도의 완전한 "구원의 생명체"[52]로 표현하듯이, 그리스도께서 당신의 사업에 부르신 이들도 그분의 살아 있는 도구이다.

예수께서는 당신의 전적인 자유 안에서 선택하신 몇몇 사람들에게 당신을 따라오도록 부르시고 ─ "예수께서 마음에 두셨던 사람들을 부르셨다"(마르 3,13) ─, 천지창조 때, 그리고 이스라엘 백성을 형성하실 때 사용하셨던 바로 그 창조적인 능력을 사용하시어 "열둘을 뽑아 사도로 삼으셨다"(마르 3,14). 이 사람들은 의미없는 일을 하도록 불린 것이 아니라, 완전히 그리스도와 운명을 같이하는 공동체에 전적으로 투신하도록 불린 것이다. 마르코 사가는, 예수께서 그들을 부르시고 "당신 곁에 있게"(마르 3,14) 하시기 위해서 그들을 열두 사도로 삼으셨다고 전한다. 이 점에서 그들은, 그들이 앞으로 받을 사도적 직무의 두 부분으로 성장해 들어가기 시작한다. 그들이 받을 이 두 부분의 사명이란 그들 자신이 그분과 친교를 나누는 교회가 되어야 한다는 것과 그분이 그들과 함께 있고 또 그분에게 "귀신을 쫓아내는 권한"(마르 3.14)을 받아 복음을 전하러 파견된다는 것이다. 이렇게 볼 때 "그분과 함께 있는 것"은 모든 사도 직무 안에서 가장 두드러지게 드러나야 할 부분이다. 이것은 곧 예수께서 갈릴래아에서 마지막으로 하신 약속으로, 사도들을 온 세상으로 파견하실 때 그들에게 "내가 세상 끝날까지 항상 너희와 함께 있겠다"(마태 28.20)라고 하신 것이다.

예수님의 사도들, 즉 그분과 "함께 있어야 하는 이들"이어야 할 제자들이 걸어야 할, 불가분의 두 길은 그들이 그분으로부터 충만한 권능과 권한과 함께 부여받은 가시적인 직무를 수행하는 것과, 믿음과 희망과 사랑 안에서 그리스도와 영적인 친교를 나누는 것이다. 이 둘은 서로 다른 모습을 가지고 있지만 결코 분리될 수 없는 것이다. 이러한 교회의 신비는 그 직무에서 다시 드러난다.

우리는 스승 예수님의 가르침을 받는 제자들이 결코 모범생이 아니었다는 사실을 꾸밈없이 전해 주는 복음서들의 진솔함에 언제나 놀라움을 금치 못한다. 이렇게 제자들의 몰이해와 결점들을 숨김없이, 또 아주 진솔하게 묘사하는 데서 복음서의 역사적 신빙성을 가늠할 수 있지 않은가? 이러한 제자들의 모습에서 그들의 뒤를 따르는 사목자들의 모습도 얼마나 잘 드러나 있는가! 그런데 바울로 사도의 경우를 보면, 표면적으로 "예수님과 함께 있는 것"에서 "그리스도 안에 머무는 것"에로 나아가는 과정이 얼마나 긴 여정인가를 보여 준다.

제자들이 예수께 배우는 모든 것은 끊임없는 묵상거리다. 이 점에 대해서 몇 가지 예를 들면, 마르코 복음사가는 제자들의 "완고함",

다시 말해 제자들의 불신, 사도적 사랑의 부족, 권위와 서열의 문제에 대한 경쟁심을 아주 특별하게 부각시키고 있다. 이 점에 있어서는 오늘날 사목자들의 유혹도 별 차이가 없는 것이 사실이다.

  1. 마르코 복음 6장 30절에서 44절까지의 장면이 첫 실례다. 한번 살펴보면, 예수께서는 한적한 곳에서 제자들을 쉬게 하려고 그들을 배에 오르게 하신다. 그런데 군중들이 그것을 눈치채고 그들을 앞질러 그곳에 도착한다. "예수께서 배에서 내려 군중이 많이 모여 있는 것을 보시고 목자 없는 양과 같은 그들을 측은히 여기셨다"(마르 6,34). 예수의 목자적 사랑은 군중들에게 더 이끌리고, 목자이신 그분의 마음은 자신을 위한 휴식보다는 목자 없는 양들에 더 사로잡혀 있다. 그런데 제자들을 보면 이와는 사뭇 다르다: "저녁때가 되자 제자들이 예수께 와서 '여기는 외딴 곳이고 시간도 이미 늦었습니다. 그러니 군중들을 헤쳐 제각기 음식을 사 먹도록 농가나 근처 마을로 보내는 것이 좋겠습니다' 하고 말하였다"(마르 6,35-36). "그들을 헤쳐 보내십시오!" 이 말은 다른 사람들을 향해서 관심을 표명하는 것 같지만, 사실 그 이면에는 자신들이 취해야 할 휴식이 우선적이며 상황이 더 악화되는 것에 대한 두려움이 깔려 있다. 이 제안이 설사 그 사람들을 향한 참다운 관심의 표현이라 하더라도, 이것은 예수께서 "너희가 먹을 것을 주어라"(마르 6,37)라고 가르치시는 것과는 상당한 거리가 있는 것이다. "그들을 헤쳐 보내십시오"라는 것과 "너희가 먹을 것을 주어라"는 우리를 반성하게 하는 말씀이다. 이 두 말씀은 우리 양심을 판단하는 요소다. 제자들의 이러한 자의적인 성향의 반응은 그리스도의 뜻이 제자들의 생각이나 노력 속에 거의 형성되지 않았음을 분명하게 보여 주는 것이다.

2. 또 다른 곳에서는, 이 역할들이 서로 역전되어 나타난다. 제자들은 연민에 가득 차 있는 반면, 예수께서는 냉혹하고 엄격하게 행동하신다. 예수께서 띠로와 시돈이라는 이방인 지역에 머무르고 계실 때에, 한 이방인 여인이 다가와 이렇게 간청하였다: "'다윗의 자손이시여, 저에게 자비를 베풀어 주십시오. 제 딸이 마귀가 들려 몹시 시달리고 있습니다.' 그러나 예수께서는 아무 대답도 하지 않으셨다"(마태 15,22-23). 이 일에 개입하기를 거부하는 예수님의 반응은 매정하기까지 하다. 그런데 제자들은 이와는 다르게 반응한다: "저 여자가 소리지르며 따라오고 있으니 돌려보내시는 것이 좋겠습니다"(마태 15,23). 그들은 예수께 이 불쌍한 여인을 도와주시기를 청하고 있다. 물론 다음 구절에서 제자들은 이 제안 안에 감추어진 의도를 드러낸다: "저 여자가 소리지르며 따라오고 있다." 이방인 지역인 그 낯선 곳에서조차 잠시도 쉴 틈을 주지 않고 고함을 지르며 따라오는 그녀가 그들에겐 몹시 거슬렸던 것이다. 그런데 예수께서는 더욱더 매정하게 반응하신다. 그분은 그녀에게 시선도 주지 않고 이렇게 말씀하신다: "나는 길 잃은 양과 같은 이스라엘 백성만을 찾아 돌보라고 해서 왔다"(마태 15,24). 이 말씀은 굉장한 굴욕감을 줄 수 있는데도, 그 여인에게는 별문제가 되지 않는다. 그러자 예수께서는 더 완고하게 대응하신다: "그러자 그 여자가 예수께 다가와서 꿇어 엎드려 '주님, 저를 도와주십시오' 하고 애원하였다. 그러나 예수께서는 '자녀들이 먹을 빵을 강아지에게 던져주는 것은 옳지 않다' 하며 거절하셨다"(마태 15,25-26). 결국 이 여인은 "이방인의 개"라는 매우 냉혹하고 이보다 더할 수 없는 모독을 당한 것이다. 그런데 갑자기 하나의 돌파구가 생기는데, 이것이 모든 상황을 바꾸어 버린다:

"주님, 그렇긴 합니다마는 강아지도 주인의 상에서 떨어지는 부스러기는 주워 먹지 않습니까?"(마태 15,27) 하고 여인이 말하였다. "그제야 예수께서는 '여인아! 참으로 네 믿음이 장하다. 네 소원대로 이루어질 것이다' 하고 말씀하셨다. 바로 그 순간에 그 여자의 딸이 나았다"(마태 15,28). 예수께서는 겉으로만 완고하셨던 것이지, 사실은 처음부터 이 여인의 대단한 마음가짐과 믿음에 대한 준비성을 알고 계셨던 것이다. 그분은 그녀가 믿을 준비가 되어 있었던 것을 이미 꿰뚫어 보셨던 것이다. 당신의 냉정한 태도를 통해, 그분은 그녀의 믿음이 외적으로 표현되도록 촉발시켰던 것이다. 한 인간의 신앙 앞에서 하느님의 아드님께서 "부인, 당신의 믿음이 장합니다!"라고 감탄을 표출하시는 게, 우리에겐 얼마나 놀라운 일인가! 표면적으로는 거부의 태도를 취하셨지만, 실상 예수께서는 이러한 깊이 있는 만남을 기다리고 계시다. 그분은 그녀가 그분에 대한 갈증을 느끼기를 목이 타게 바라신 것이다.[53]

다시 말해, 마치 그분이 사마리아 여인을 만났을 때처럼(요한 4장), 그녀에게서 당신에 대한 그녀의 믿음을 목말라하신다. 한편 이와는 반대로, 제자들은 그들 자신에 대한 걱정에 사로잡혀 있다. 바로 이 모습은 우리 자신들을 비춰보기 위한 "성찰의 거울"이기도 하다. 즉, 이 복음의 상황은 우리가 품고 있는 연민을 되돌아보게 만들며, 더 나아가 우리 자신들이 이와 비슷한 경우에 처했을 때 그 일 안에 말려 들어가기를 꺼리지 않는지, 또 이러한 상황에 마주치면서 발생하게 되는 곤란한 상황들을 피하고 표면적인 평화를 가지려고 하지 않는지 살펴보게 만드는 "성찰의 거울"인 것이다. 우리는 과연 사람들의 구원과 그들에 대한 믿음의 갈망으로 불타고 있는가? 또 여러 가지 시련들을 통해 완성되어 가는 그들의 내면적인 성숙을 진심으로 갈망하고 있는가? 이 복음서의 장면에 견주어 볼 때 우리의 사목적 사랑은 과연 어느 쪽을 닮았는가?

3. 우리의 모습을 비추어 볼 수 있는 성서의 이야기가 또 하나 있다: "사람들이 어린이들을 예수께 데리고 와서 손을 얹어 축복해 주시기를 청하자 제자들이 그들을 나무랐다. 그러나 예수께서는 화를 내시며 '어린이들이 나에게 오는 것을 막지 말고 그대로 두어라.' … 그리고 어린이들을 안으시고 머리 위에 손을 얹어 축복해 주셨다"(마르 10,13-16).

복음사가는 제자들이 사람들을 심하게 꾸짖고, 그들에게 욕설을 퍼부었는지에 대해서는 언급하지 않고 있다. 아마 그들은 예수님을 성가신 군중들로부터 떼어놓고 그분을 보호하고자 하기 위함이었을까? 아니면 보잘것없는 아이들이 자신들의 스승을 만나는 것이 당치도 않다고 생각한 때문일까? 어쨌든 그 어린이들은 그분의 가르침이나 말씀들을 과연 이해할 수나 있었을까? 그런데 보다 중요한 것은 바로 복음사가가 당신의 제자들을 향해서 화내시는 것을 아주 간결하고 솔직하게 묘사하고 있다는 것이다.

"어린이들이 나에게 오는 것을 막지 말고 그대로 두어라"는 그분의 말씀이 우리 자신을 되돌아보게 함은 틀림없다.

지금까지 살펴본 세 장면은 그분의 제자들이며 또 사도들의 후계자들인 우리 자신이 얼마나 자주 사람들이 예수께 가는 것을 가로막고 있는가를 우리에게 환기시키는 장면이다.

이제 우리는 성서의 다른 곳에 나오는 두 장면에 잠시 머물러 보자. 다음에 펼쳐질 장면들은 구약성서 안에서도 이미 잘 나타나 있는 것처럼, 목자들의 죄에 의해 빚어진 비극을 우리에게 적나라하게 보여 줄 것이다.

4. 우리가 머물 첫 장면은 주님의 영광스런 변모 직후에 일어난 사건이다. 예수께서는 제자들에게 당신이 수난받고 죽음에 처하겠지만, 삼일 만에 다시 부활할 것임을 두 번째로 알려 주셨다. 그리고 "그들은 가파르나움에 이르렀다. 예수께서는 집에 들어가시자 제자들에게 '길에서 무슨 일로 다투었느냐?' 하고 물으셨다. 제자들은 길에서 누가 제일 높은 사람이냐 하는 문제로 서로 다투었기 때문에 아무 대답도 하지 못하였다"(마르 9,33-34).

그분은 당신이 곧 수난당하실 것이라고 알려 주시지만, 그들은 여기에 대해서 전혀 관심을 기울이지 않고, 그들 중에서 누가 우두머리가 될 것인지에 대해서, 또 자신들의 지위 향상에 대해서만 말하고 있다. 이와 같은 무관심은 도대체 어디에서 온 것인지 이해하기 어렵다. 그들 중 아무도 그분에게 닥쳐올 수난에 대해서 질문을 제기하는 사람도 없고 그분께 아무런 위로도 드리지 않았다. 그들은 아주 일반적으로 보여야 할 반응조차 보이지 않았다. 성서 본문은 이렇게 전한다: "그러나 제자들은 그 말씀을 깨닫지 못했고 묻기조차 두려워하였다"(마르 9,32). 여기서 또 복음사가들은 우리 자신을 비추어 보아야 할 거울을 다시 한 번 더 남겨 두고 있다. 사실 예수와 마주하고 있는 제자들의 이 침묵은 얼마나 충격적인 것인가! 그 여정을 함께 걸어가면서, 그들 자신들에 대해서만 대화를 나누었을 뿐이고 그분에 대해서는 시종일관 침묵했다. 결국 이 침묵을 통해 그들은 그분을 혼자 내버려둔 것이다. 어떻게 그들이 그분의 수난에 대해서 이토록 눈이 멀 수 있는가? 당신과 함께 있도록 하기 위해 친히 뽑아 세운 그들을 그분이 그토록 극진히 사랑하였음에도 불구하고, 그들의 마음과 생각은 어쩌면 이토록 그분과 멀리 떨어져 있을 수 있단 말인가!

5. 그러나 또 다른 한 장면은 이와는 반대로, 그분의 사랑이 어디까지 확장될 수 있는가를 우리에게 보여 준다. 이 장면은 예수께서 잡히시던 날 밤에 "내가 고난을 당하기 전에 너희와 이 과월절 음식을 함께 나누려고 얼마나 별러 왔는지 모른다"(루가 22,15)라고 말씀하시면서, 제자들과 함께 과월절 만찬을 잡수시던 그 방 안에서 일어난 일이다. 여느 때와는 아주 색다른 이 저녁에 그분은 우리가 그분을 기억하면서 그분이 다시 오실 그날까지 완성해야 할 당신의 유언을 우리에게 남기셨다. 그런데 친히 제자들의 발을 씻기시고 또 그분 사랑의 가장 큰 선물인 당신 몸과 피를 그들에게 남겨 주신 바로 이 저녁에 "제자들 사이에서 누구를 제일 높게 볼 것이냐 하는 문제로 옥신각신하게 되었다"(루가 22,24). 그러나 거기에 대해서 그분은 단 한마디의 질책도 하지 않으신다: "예수께서 이렇게 말씀하셨다. '이 세상의 왕들은 강제로 백성을 다스린다. 그리고 백성들에게 권력을 휘두르는 사람들은 백성의 은인으로 행세한다. 그러나 너희는 그래서는 안 된다. 오히려 너희 중에서 제일 높은 사람은 제일 낮은 사람처럼 처신해야 하고 지배하는 사람은 섬기는 사람처럼 처신해야 한다. 식탁에 앉은 사람과 심부름하는 사람 중에 어느 편이 더 높은 사람이냐? 높은 사람은 식탁에 앉은 사람이 아니냐? 그러나 나는 심부름하는 사람으로 여기에 와 있다'"(루가 22,25-27).

주님께서는 섬기시는 분이시다. 그분은 신앙도 부족할 뿐 아니라 (마르 4,40) "마음이 완고해진"(마태 6,52; 8,17) 제자들까지도 섬기신다.

그분은 그들을 단죄하시지도, 멀리 내치시지도 않으신다. 오히려 그분은 그들을 당신에게 가까이 다가오도록 하시는 분이시다. 더 나아가 이 제자들이 저지를 낯뜨거운 장면 바로 다음에, 그분은 그들에게 "여러분은 내가 시련을 겪는 동안 나와 함께 견디어 온 이들입니다"라는 아주 강렬한 말씀을 던지신다. 바로 여기서 그분이 그들의 직무를 공식적으로 제정하시는 것을 볼 수 있다. 아! 제자들을 향한 그분의 인내심은 사실 얼마나 가당찮은 것인가! 사실 주님께서는 그들이 당신과 함께 머물기를 최소한이나마 염원할 것임을 알고 계시며, 온갖 과오들을 저지르면서도 그들은 이 소망을 끝없이 드러낼 것임을 이미 알고 계시다. 바로 이 때문에 그분은 그들에게 "너희는 내가 온갖 시련을 겪는 동안 나와 함께 견디어 왔으니 내 아버지께서 나에게 왕권을 주신 것처럼 나도 너희에게 왕권을 주겠다. 너희는 내 나라에서 내 식탁에 앉아 먹고 마시며 옥좌에 앉아 이스라엘 열두 지파를 심판하게 될 것이다"(루가 22,28-30)라고 말씀하신다.

모든 제자들이 좌절하고 넘어지는 그 순간에 그분은 그들의 직무를 제정하신다. 또한 시몬 베드로는 「주님의 기도」에 힘입어 그의 믿음이 꺼지지 않을 것이라는 보증을 그분에게 직접 받게 된다(루가 22,32 참조).

"내가 이 반석 위에 내 교회를 세울 것이다"(마태 16,18). 이 바위란 곧 예수를 "그리스도로 또 살아 계신 하느님의 아들"[54]로 알아보는 믿음을 말한다. 여기서 "바위"란 바로 그리스도 당신 자신을 가리킨다. 이런 면에서 베드로가 또 다른 하나의 바위가 될 수 있는 것도 오로지 그분의 능력과 말씀을 통해서다.

교회가 자신에게 주어진 사명을 완성할 수 있도록 그리스도께서 설정한 방편이 곧 제자들의 직무다. 이 직무를 부여받은 사람들의 결함은 "그리스도께서 활동하시는"⁵⁵ 데에는 아무런 방해가 되지 않는다. 주님께서는 당신의 교회를 세우시기 위해서 우리를 사용하고자 하신다. 그리스도의 이 한없는 낮추심이 제자들인 우리들의 우둔한 마음을 구체적으로 움직이게 하며 참회의 눈물을 쏟도록 한다(루가 22,61-62). "주님, 주님께서는 모든 일을 다 알고 계십니다. 그러니 제가 주님을 사랑하는 것을 모르실 리가 없습니다"(요한 21,17).

넷째 묵상: 그리스도 옆구리에서 태어난 교회

지금까지의 세 묵상에서 지상에서의 예수님의 삶 전체가 포괄적인 의미로 교회를 세우신 것이었음을 이해하였다.

『가톨릭 교회 교리서』를 따라 한 걸음 더 나아가 보자: "교회는 우리 구원을 위해 그리스도께서 자신을 온전히 내어 주심으로써 태어났다. 이 전적인 헌신은 특히 성체성사를 세움에서 예비되고 십자가 위에서 실현되었다. '그 기원과 성장은 십자가에 못박히시고 창에 찔리신 예수님의 옆구리에서 흘러 나온 피와 물로 상징되었다.'⁵⁶ '십자가에서 잠드신 그리스도의 옆구리에서 온 교회의 놀라운 성사가 솟아 나왔기 때문이다.'⁵⁷ 하와가 잠든 아담의 옆구리에서 만들어졌듯이, 교회도 십자가 위에서 돌아가신 그리스도의 꿰뚫린 심장에서 태어났다."⁵⁸

여기서 공의회는 교부들에 의해 자주 다루어졌던 주제를 채택하였다. 교회는 그리스도의 십자가상의 제헌 덕분이다. 교회가 살아가는 힘을 얻고 또 자신의 모습을 쇄신하는 원천은 바로 십자가의 제헌이다. 이 원천에서부터 교회의 성사가 솟아 나오고, 이 원천은 성체성사 안에 현존한다. 그래서 성찬례는 "그리스도교 생활 전체의 원천이며 정점인"⁵⁹ 것이다.

교회의 기원이 십자가라는 말은 교회 존재, 역사를 거쳐 걸어온 교회의 길 그리고 교회의 봉사자들인 우리에게 무엇을 의미하는가?

예수님의 십자가는 하나의 역사적 사건으로 절대로 필요한 일이라기보다는, 오히려 사람들이 원하고 의도적으로 진척시켰던 사건인 동시에 "하느님께서 뜻을 정하시고 미리 알고 계신 당신의 계획"(사도 2,23)에 따라서 이루어진 사건이다.

따라서 십자가는 인간의 역사적 행위와 하느님의 구원 계획이 교차되는 지점이다. 십자가는 인간의 사악한 착상에 의해 만들어진 가장 참혹한 형구 중 하나지만, 동시에 "유일한 희망인 십자가여!"라며 경배하는 우리의 "유일한 희망"이기도 하다. 십자가 위에서 뼈가 비틀어져 펼쳐진 예수님의 팔을 생각해 보라. 얼마나 끔찍한가! 그렇지만 다른 한편 "내가 땅에서부터 들어올려지게 되면 모든 사람을 내게로 이끌어 올 것입니다"(요한 12,32)라는 말씀대로, 벌려진 그분의 팔은 동시에 그분의 약속을 상징 · 구현하고 있다.

십자가로부터 유래한 교회는 그 두 가지 흔적을 품고 있는데, 교회가 그리스도와 함께 십자가의 치욕을 받는다는 것과 또 바로 그분에 의해 교회가 희망의 표징이라는 것이다. 이 치욕과 희망이라는 서로 상반된 상황 안에서, 그분만이 유일하게 아무런 힘도 없이 십자가의 오욕을 지고 계시다. 반면 교회는 그 구성원들이 곧 죄인이라는 불명예스러운 십자가를 언제나 지고 있다. 그래서 그분의 십자가는 우리에게 유일한 희망으로 다가오고 있다. 『가톨릭 교회 교리서』는 우리가 하느님과 동일한 신앙 대상으로서 교회를 믿는다고 고백하지 않는다: "하느님과 그분의 업적을 혼동하지 말아야 하며, 하느님께서 교회 안에 내리신 모든 선물이 하느님의 선에서 오는 것임

을 분명히 하여야 한다."⁵⁹

결국 우리의 유일한 희망이 그리스도의 십자가 안에 담겨 있는데, 이는 우리 모두가 십자가의 화해 은총을 필요로 하기 때문이다.

십자가에 대한 우리의 묵상은, "사람들이 어떻게 그분을 십자가의 죽음에까지 몰고 갔을까?"라는 의문을 제기하게 한다. 여기서 우리는 역사에 대한 진지한 탐구가 신앙의 신비와 동떨어져서 이루어질 수 있는 것이 아니라, 오히려 신앙의 신비로 나아가도록 한다는 것을 보게 될 것이다. 사실 역사비평적인 방법론을 통한 성서학은 여러 관점에서 예수님의 죽음 동기들을 아주 분명하게 부각시켰다.

1. 사람들은 어떻게 예수를 죽음에까지 몰고 갔는가?

복음서들의 증언들에서 한 가지 분명한 사실은 예수님을 처형했던 진정한 동기는 종교적인 이유라는 것이다. "당신은 한갓 사람이면서 하느님 행세를 하고 있지 않소?"(참조: 요한 10,33; 5,13)라고 그분을 고발하는 대목에서 잘 나타나듯이, 오직 하느님께만 유보된 권한을 그분이 행사하셨다는 이유로, 그분의 태도가 신성모독을 범한 것으로 단죄되었다. 예루살렘의 종교 당국자들과 예수님 사이에서 벌어졌던 논쟁들도 이를 잘 드러내고 있는데, 이 대립의 핵심 주제는 그분의 권한, 곧 그분의 신원에 관한 것이었다(마르 12장 참조).

어떻게 감히 사람이 "아버지나 어머니를 나보다 더 사랑하는 사람은 내 사람이 될 자격이 없고 아들이나 딸을 나보다 더 사랑하는 사람도 내 사람이 될 자격이 없다"(마태 10,37)라고 말할 수 있는가? 부모에게 효도하라는 십계명의 넷째 계명은 이웃사랑의 계명 중에서 첫째 계명이 아닌가? 이러한 예수님의 요구는 세 계명 중 첫째 계명인 하느님 사랑에 대한 계명에 속하는 것이다.

또 어떻게 감히 사람이 "잘 들어라. 누구든지 사람들 앞에서 나를 안다고 증언하면 사람의 아들도 하느님의 천사들 앞에서 그를 안다고 증언하겠다"(루가 12,8)라고 말할 수 있는가? 이 말씀대로라면, 예수께 대한 태도에 따라 인간의 영원한 구원이 결정될 수 있다는 말이 아닌가?

앞에 열거한 예수님의 말씀뿐 아니라 그분의 다른 말씀과 행위와 사건들에 대해서, 유다의 종교 지도자들이 얼마나 초미의 관심을 기울였을지 충분히 예측할 수 있다. 예수님 주변 사람들은 하나의 분명한 선택을 해야 할 상황에 점점 더 직면할 수밖에 없었는데, 예수님 편에 서려는 사람은 그분의 모든 말씀을 받아들이고 또 그분이 하느님께로부터 오셨다는 것을 인정해야만 했다. 결국 바리사이파 사람과 율사들은 예수님을 같은 하느님의 이름으로 거부할 수 있다고 믿게 되었고, 하느님께 충실하기 위해서는 예수님을 부정해야 한다고 확신하게 되었다. 그런데 만일 그들이 이렇게 예수님을 거부한다면, 그들의 하인조차 "저희는 이제까지 그분처럼 말하는 사람은 본 적이 없습니다"(요한 7,46)라고 말한 것처럼, 그 전에 그들이 결코 어떤 곳에서도 보지도 듣지도 못했던 그분의 선하신 행위와 치유들을 어떻게 설명할 수 있으며 또 그분이 당신 안에 간직하셨던 그 힘을 어떻게 설명할 수 있는가?

어쨌든 이 극적인 상황에서 그들은 예수님을 사형에 처하는 것이 곧 "하느님을 섬기는 일"(요한 16,2)이라고 믿었다. 그렇다면 예수님의 죽음은 정말 피할 수 없는 운명이었을까? 이 사건도 마치 그리스의 비극처럼 끔찍한 불행으로 이어질 수밖에 없었던가?

사실 예수께서는 이스라엘을 얻기 위해서 모든 열정을 다해 최선을 다하지 않았던가? 그분은 당신의 백성을 회개시키기 위해서 온갖 노력을 기울이지 않았던가? 예루살렘을 바라보면서 쏟으셨던 그분의 눈물에서 우리는 주님께서 얼마나 정성을 다해 헌신하셨는가를 느낄 수 있다. 예수께서 예루살렘 가까이 다가가셨을 때, 당시의 순례자들이 예루살렘과 그 성전을 바라보면서 환희에 북받쳤던 바로 그 장소에서(시편 121 참조) 그분은 우시면서 이렇게 말씀하셨다: "오늘 네가 평화의 길을 알았더라면 얼마나 좋았을까! 그러나 너는 그 길을 보지 못하는구나"(루가 19,42). 예수님의 또 다른 한탄, 즉 당신의 첫사랑 이스라엘에 대한 하느님의 처절한 한탄이다: "예루살렘아, 예루살렘아! 너는 예언자들을 죽이고 하느님께서 보내신 사람들을 돌로 치는구나! 암탉이 병아리를 날개 아래 모으듯이 내가 몇 번이나 네 자녀들을 모으려 했던가! 그러나 너는 응하지 않았다"(루가 13,34).

그렇다면 유다인들의 불신이 예수님을 죽음에 처하게 하였다는 말인가? 분명한 것은 그들은 그분이 자신들을 "찾아오신 때"(루가 19,44)를 알지 못한 것이 사실이다. 더 정확히 말하면 "너는 응하지 않았다"고 볼 수 있다. 예수께서는 이 상황을 짧은 비유로 묘사하셨다: "이 세대 사람들을 무엇에 비길 수 있을까? 도대체 무엇과 같을까? 마치 장터에서 편 갈라 앉아 서로 소리지르며 '우리가 피리를 불어도 너희는 춤추지 않았고, 우리가 곡을 하여도 너희는 울지 않았다' 하는 아이들과도 같다"(루가 7,31-32).

그런데 여기에서 "함께 어울리려고 하지 않았다" 또 "응하지 않았다"란 표현은 근본적으로 어디에서 나왔는가? 사람들이 그분을 십자가에 못박았을 때, 예수께서는 "아버지, 저 사람들을 용서하여 주십시오! 그들은 자기가 하는 일을 모르고 있습니다"(루가 23,34)라고 기도하셨다. 알지 못하고 저질렀다는 것은 오로지 그분을 십자가에 못박는 사람들에게만 해당되는 것인가? 성령강림절 이후, 베드로는 "형제 여러분! 여러분이 그런 잘못을 저지르는 것은 여러분의 지도자들과 똑같이 무지한 탓이었다는 것을 나는 잘 알고 있습니다"(사도 3,17)라고 말하고 있다. 마찬가지로 바울로 사도도 "만일 그들이 깨달았더라면 영광의 주님을 십자가에 못박지는 않았을 것입니다"(1고린 2,8)라고 증언한다.

무지의 탓으로? 그러면 그들은 죄를 저지르지 않았다는 말인가? 그러나 그 십자가형에 인간의 죄가 분명히 개입되어 있다는 것을 알려 주는 구체적인 이야기가 있다. 그것은 예수께서 베푸신 치유를 보고 분노하던 이들의 마음이 점점 굳어지는 모습으로 시작되는 이야기다(마르 3,1-6 참조). 바로 여기에서 보고 듣기를 거부하는 의지가 분명히 담긴 행동들이 나타난다. 그뿐만 아니라 제자들의 도주와 배반, 성전과 관계된 특권층의 정치적인 계략들, 로마 총독의 비열함, 예루살렘 최고의회인 산헤드린 회원들의 부족한 열성도 여기에 가세되었다. 이와 같이 예수님을 십자가형에 처하는 데 직접적으로 한몫을 했던 구체적인 과오와 태만, 그리고 배반이라는 요인들 이면에 이 사건과 관련한 인간들의 유죄성을 드러내는 또 다른 요인들도 분명히 자리하고 있다. 그것은 곧 과거 이스라엘의 잘못들이다: "내가 몇 번이나 네 자녀들을 모으려 했던가! 그러나 너는 응하지 않았다"(루가 13,34)라는 말씀에서 엿볼 수 있는 것처럼 이스라엘은 자신의 하느님을 세대에 세대를 거듭하면서 거부하여 왔다.

그러면 오랫동안 지속된 이스라엘의 죄의 역사가 무고한 한 사람을 희생시켰다고만 볼 수 있는가? 더 광범위한 차원에서 보면, 또 다른 죄와 과오의 요인들이 이 사건 안에 개입되어 있는 것을 목격

할 수 있는데, 그것은 하느님께 대한 인간의 첫 거부에서부터 출발해 다른 거부들이 계속 일어나고 있다는 사실과 관련되어 있다는 점이다. 하느님에 대한 인간의 첫 거부인 원죄는 이미 가장 무서운 결과를 초래하는 거부를 잉태하고 있다. 바꾸어 말하면 역사 안에서 원죄를 시작으로 해 꼬리를 물고 일어난 하느님을 거스르는 모든 거부들이 예수님을 저버리는 바로 이 시간 안으로 집중되어 있다. 왜냐하면 바로 이 순간에 하느님께 대한 전폭적인 "예!"가 문제가 되기 때문이다. 하느님께서 그분을 통해서 우리에게 모든 은혜를 베풀어 주셨는데(로마 8,32 참조), 그분을 거부하는 것보다 더 큰 죄가 있을 수 있겠는가! 세상 모든 것을 창조하신 분이며 만물의 주인이신 분, 또 하느님의 아들이며 영원한 말씀이신 바로 이 예수님에 대한 거부가 모든 죄의 한가운데 자리 잡고 있는 것이다: "그분이 자기 나라에 오셨지만 백성들은 그분을 맞아 주지 않았다"(요한 1,11).

예수님 십자가 사건은, 본시오 빌라도 통치 아래 살던 당시 유다 지역 사람들에 의해 저질러진 일임에는 틀림이 없다. 그러나 이 사건은 단순히 그들만의 독자적이고 독립적인 행위들이 낳은 결과라고만 볼 수 없다. 모든 죄는 하느님께서 가지신 "소유권"에 대한 거부이기 때문에, 그들이 저지른 그 행위 이면에는 모든 시대의 모든 죄들이 자리 잡고 있다. 그래서 그분을 믿지 않는다는 점에서 모든 죄는 원죄를 닮았다. 결국 그분을 저버린 이들은 그분을 믿지 않았던 사람들이며, 그분을 믿지 않았던 바로 이들이 그분을 십자가에 못박아 죽였던 것이다.

『로마 교리서』는 예수님의 수난을 일으킨 장본인이 과연 누구인가라는 질문에 대해서, 원죄를 포함해서 이 세상 시초부터 존재했고 또 세상 마지막 순간까지 앞으로 있을 모든 죄와 악습들이 바로 그 분이 당하신 이 수난의 근본적인 주역이라고 대답하고 있다.[61]

오직 성령만이 바로 십자가의 이 심오한 차원을 밝혀낼 수 있으며, 이 사건을 순전히 역사적인 방법으로만 다루려는 사람은 이 차원까지 접근할 수 없다. 예수께서는, 성령께서 "세상의 그릇된 생각을 꾸짖어 바로잡아 주실" 것이며 그분을 "믿지 않은 것이 바로 죄"라는 것을 알려 준다고 하셨다(요한 16,8-9).

바로 우리 자신들이 그분을 십자가에 못박았다. 사도 바울로는 부활하신 그분을 만났을 때에야 비로소 이 기막힌 사실을 깨달았다: "예수께서 바로 내가 지은 죄 때문에 돌아가셨다"는 이 놀라운 계시를 받았을 때, 바울로는 그제야 그분을 알아볼 수 있게 되었다. 바울로가 자신이 그리스도를 못박아 죽이는 데 가담하였다는 이 무서운 진실을 알 수 있었던 것은 "나를 사랑하시고 또 나를 위해서 당신의 몸을 내어주신 하느님의 아들"(갈라 2,20)이라는 또 다른 진실에 의해서다. 갈라디아서의 이 진실이 그를 회개하게 했던 것이다.

2. "성서에 예언된 대로, 우리 죄 때문에 돌아가시다."

우리가 지금까지 본 것처럼, 예수님을 죽음에 처하도록 만든 죄에 대한 이 질문이 얼마나 중요한지는 죽음에 넘겨지신 그분이 정말로 누구이신가를 우리가 신앙 안에서 깊이 인식할 때, 비로소 확연히 드러날 수 있다. 도대체 어떻게 하느님의 아드님께서 자신이 친히 만드신 피조물들에 의해서 죽임을 당할 수 있단 말인가? 우리는 "그분이 자기 나라에 오셨지만 백성들은 그분을 맞아 주지 않았다"라는 이 결정적인 거부가, 불의로 만연한 세상 안에서 우발적으로 발생한 단순한 하나의 가슴 아픈 사건으로만 축소될 수 없다는 것을 확신한다. 예수님에 대한 거부는 지금까지 있어 왔거나 현존하는, 또 앞으로 저질러질 모든 죄와 결속되어 있다. 분명히 그렇다! 구체적으로 죄가 되고 또 그 죄의 속박이 될 수 있는 모든 것이 바로 이 십자가 위에서 가시적으로 자신의 본모습을 다 드러내고 있다.

캔터베리의 성 안셀모Anselm von Canterbury는 『왜 하느님은 사람이 되셨나』라는 유명한 담론집에서, 보소Boso라는 자신의 제자에게 "자네는 아직도 죄의 심각성에 대해서 충분히 숙고하지 않았네"[62]라고 말한다. 우리도 최소한이나마 이 죄에 의해서 생겨나는 속박에 대한 개념을 가지도록 노력해야 한다. 하느님 아들이 십자가 위에서 "세상의 죄"를 없애셨다. 그런데 다른 한편 바로 이 십자가는 하느님의 소유권을 근본적으로 거부하는 것이 곧 죄라는 것을 드러낸다. 이것은 더 나아가 죄는 우리와 직접 연관된 — 모든 것이 그분께 속한다는 — 진리를 부정하는 것이며, 마침내 하느님 자체를 거부하는 것이 된다는 것도 알려 주고 있다.

그렇지만 하느님께서는 바로 이 십자가를 구원의 도구로 바꾸어 놓으신다. 「포도원 소작인의 비유」에서 "이렇게 되면 포도원 주인은 어떻게 하겠느냐? 그는 돌아와서 그 소작인들을 죽여 버리고 포도원을 다른 사람들에게 맡길 것이다"(마르 12,9)라는 대목에 나타나듯이, 이 이야기의 줄거리는 상속자인 아들이 당한 비열하고 잔인한 살해의 대가로 준엄한 고통이 따름을 알려 준다. 이것은 소작인들이 죄과를 치르기 위한 너무도 당연한 귀결이다. 이것이 바로 우리들에게도 적용되는 것이다.

그런데 하느님께서는 이러한 해결 방법 대신, 당신 아들을 거슬러 그 죄인들이 저지른 거부를 당신 친히 용서하시는 것으로 바꾸어 놓으신다. 당연히 받아야 할 처벌을 그 죄 자체에 대한 구속으로 대체시키는 것이다.

주인과 소작인들이 맺은 계약에 따라 당장 그 소작인들을 내치거나 죽이는 대신, 포도원 주인은 자신의 아들을 그들의 손에 넘기는, 상상하기 어려운 행동을 하고 있다. 어떻게 보면 주인과 소작인이 맺은 계약이 그 주인의 호의를 실현하게 한다고 볼 수 있다. 아들은 살인자들 손에 죽게 되는데, 사실은 그 아버지가 바로 그들을 위해서 아들이 죽게끔 그들의 손에 넘기는 것이다.

예루살렘에서 베드로는 오순절 설교를 통해 "하느님께서 미리 정하신 뜻과 계획에 따라 여러분의 손에 넘어간 이 예수님을 여러분은 악인들의 손을 빌려 십자가에 못박아 죽였던 것입니다. 그러나 하느님께서는 그분을 되살리시고 죽음의 고통에서 풀어주셨습니다"(사도 2,23-24)라고 선포하고 있다.

여기서 하느님 섭리의 신비가 완전히 실현되었다. 이해하기 어려울 정도로 자비로운 하느님의 결정 덕택에, 인간에 의해 자행된 살해 행위가 오히려 하느님의 호의를 드러내는 것으로 되어 버렸다. 여기서 "신앙의 유비"가 다시 우리를 돕는다. 요셉과 그 형제들에 관한 이야기 끝에 보면, 형제들이 요셉에게 저질렀던 죄를 깊이 뉘우친 후, 요셉은 그들에게 "나에게 못할 짓을 꾸민 것은 틀림없이 형들이오. 하지만 하느님께서는 도리어 그것을 좋게 꾸미시어 오늘날 이렇게 뭇 백성을 살리시지 않았습니까?"(창세 50,20)라고 말한다.

『가톨릭 교회 교리서』는, "이제까지 저지른 가장 큰 윤리악은 모든 인간의 죄로 일어난 하느님 아들의 배척과 살해였다. 이 악에서 하느님께서는 당신의 풍성한 은총으로 그리스도의 영광과 우리의 구원이라는 가장 큰 선을 끌어 내셨다. 물론 그렇다고 해서 악이 선이 되는 것은 아니다"[63]라고 설명하고 있다.

3. 예수님의 십자가를 통해 속량된 이들.

예수께서는 십자가상에서 큰 소리로 "다 이루었다"라고 말씀하셨는데, 이는 인간이 하느님을 거슬러 저지른 모든 "거부"들을 이 외침으로 극복하셨다는 뜻이다. 하느님을 향한 모든 거부로 형성된 세상의 죄가 그분을 십자가 위에 매달았다. 그러나 바로 이 십자가 위에서 예수께서는 그 거부를 극복하신 것이다.

예수께서는 게쎄마니 동산에서 성부의 뜻을 완전히 받아들이셨다. 그분이 우리를 위해서 당신 자신을 넘기신 것이다. 한 인간으로서 그분이 당신의 원의로 "예!"라고 응답하셨을 때("제가 원하는 대로 하지 마시고 아버지께서 원하시는 대로 하소서. …"), 그분은 우리 모두를 위해서 성부의 뜻에 맞갖은 자유롭고도 완전한 "예!"를 표명하신 것이다. "우리는 그 아들로 말미암아 죄를 용서받고 속박에서 풀려났습니다"(골로 1,14). 그분은 우리들을 위한 하느님의 "예!"이며 동시에 하느님을 위한 인간의 "예!"이시다.

그러므로 속량은 그분이 나를 위하여, 나의 자리를 대신하여 마련하신 것이다. "그분께서 나를 사랑하셨고, 나를 위해서 당신 자신을 바치셨다." 마르코 복음 12장의 「포도원 소작인의 비유」를 다시 한 번 돌이켜 보자. 포도원의 악한 소작인들은 마지막으로 보낸 그분의 아들을 죽였는데, 이는 곧 우리들이 "영광의 주님"을 십자가에 못박아 죽인 것을 뜻한다. 그럼에도 우리를 형벌로 몰아가지 않았다. 만일 그분이 우리들에 의해 살해당하도록 허용하셨다면, 그것은 바로 우리를 위해서다. 이러한 그리스도의 "우리를 위하심"은 우리가 저지를 수 있는 모든 것을 능가하며, 우리의 모든 부족함까지도 초월하는 큰 힘을 발휘하고 있다.

이제 언뜻 보기에는 대답이 없는 것처럼 보이는 또 다른 질문이 우리 앞에 놓여 있다. "우리를 위하심"이라는 이 선처 때문에 과연 또 누가 어떤 것이 아직까지 "우리와 맞설 수" 있겠는가? "누가 감히 우리를 그리스도의 사랑에서 떼어 놓을 수 있겠습니까?"(로마 8,35). 죽음이나 마귀가 그럴 수 있겠는가, 아니면 우리 자신이 그럴 수 있겠는가? 바울로 사도는 그 무엇도 우리를 그리스도에게서 떼어 낼 수 없다고 확신에 찬 고백을 하고 있다. 스스로 거부하거나 또 "내가 원하지 않는다"고 해도 그렇겠는가? 다시 말해서, 내가 완벽하고 철저하게 거부할 위험이 전혀 없다는 말인가?

그렇다면 왜 『로마 미사 경본』에서 우리는 "우리를 영벌에서 구하소서!"라고 기도하는가? 또 우리는 왜 성체를 받아 모시기 전에 침묵 안에서 "이 지극히 거룩한 몸과 피로 모든 죄와 온갖 악에서 저를 구하소서. 그리고 언제나 계명을 지키며 주님을 결코 떠나지 말게 하소서"라고 기도하는가?

아르스의 성자 요한 마리아 비안네 신부는 이 기도를 바칠 때마다 매번 자신의 눈에서 눈물을 쏟게 된다고 고백한다.

주

[1] 교리서 422항.
[2] 사목헌장 22항.
[3] 교회헌장 1항.
[4] H. Rahner, "Mysterium Lunae", *Symbole der Kirche* (Salzburg 1964) 91-173 참조.
[5] *Synode extraordinaire. Célébration de Vatican II* (Paris 1986) 428-430.
[6] 교리서 181항.
[7] 교리서 795항.
[8] 교리서 563항.
[9] M.-E. Grialou, *Ich will Gott schauen* (Fribourg/Schweiz 1993) 96.
[10] J. Hick, *The Myth of God Incarnate* (London 1997).
[11] *Jésus savait-il qu'il était Dieu?* (Paris 1984) 63.
[12] 교리서 446-451항 참조.
[13] 교리서 463항.
[14] 전례헌장 2항; 교리서 771항.
[15] 교회헌장 8항; 교리서 771항.
[16] 교회헌장 8항.
[17] 사목헌장 22항.
[18] 교리서 478항.
[19] 교회헌장 8항.
[20] 교회헌장 8항.
[21] 교회헌장 8항 참조.
[22] 교리서 771항.
[23] 교리서 426항.
[24] 교리서 426항.

25 사목헌장 22항; 교리서 521항.

26 교리서 460항.

27 Maximus Confessor, *Mystagogia* 24, *PG* 91, 712 AB.

28 사목헌장 22항.   29 교리서 515항.

30 교리서 516항.   31 계시헌장 19항.

32 A. Besançon, *L'image interdite. Une histoire intellectuelle de l'iconoclasme* (Paris 1994) 246-248 참조.

33 교리서 517항.   34 교리서 518항.

35 교리서 519항.   36 교리서 519항.

37 Heinz Schürmann의 용어.

38 A. Françoise de la Mére de Dieu, dans Œuvres complétes (Paris 1990) 273 (Parole de lumi re et d'amour 26).

39 교리서 520항.   40 교리서 521항.

41 교리서 522-667항 참조.   42 교리서 1115항.

43 교리서 1698항.

44 교회헌장 5항; 교리서 763항.

45 교리서 764항.   46 교리서 765항.

47 교회헌장 48항 참조.

48 여성의 존엄 27항.

49 여성의 존엄 27항.

50 교리서 773항.

51 교회헌장 10항 참조.   52 교회헌장 8항.

53 교리서 2561항 참조.   54 교리서 424항.

55 교리서 1584항.   56 교회헌장 3항.

57 전례헌장 5항.   58 교리서 766항.

59 교회헌장 11항; 교리서 1324항.

60 교리서 750항.   61 교리서 598항 참조.

62 Sources chrètiennes 91호 (Paris 1963) 323.

63 교리서 312항.

제 4 장
성령강림으로 드러난 교회

첫째 묵상: 그분이 성령을 건네주시다

"성부께서 성자께 지상에서 이루시도록 맡기신 일이(요한 17,4 참조), 성취된 다음, 오순절에 성령께서 교회를 끊임없이 거룩하게 하시도록 파견되셨다. 또 이렇게 신자들은 그리스도를 통하여 한 성령 안에서 성부께 가까이 나아가는 것이다(에페 2,18 참조)."[1]

"그 날 교회는 많은 사람 앞에 공공연히 나타나, 설교를 통하여 여러 민족들 사이에서 복음을 전파하기 시작하였다."[2]

"교회는 모든 사람을 구원으로 '불러 모으는 것'이기 때문에, 그 본성상 선교적이다. 그리스도께서는 모든 민족에게 교회를 파견하시어 그들을 당신 제자로 삼도록 하셨다."[3]

지금까지 우리는 성령을 얼마만큼 소홀하게 생각해 왔을까? 성령에 대해 명시적으로 언급하지 않고도 창조에 대해서, 옛 계약에 대해서, 또 그리스도에 대해서 말할 수 있었으니 말이다. 이는 단지 나의 경솔한 생각인가? 아니면 성령께서 그저 종종 간과되고 잊혀지게 된다는 표시인가? 아니면 혹시라도 바울로가 에페소에서 몇몇 신도들을 만났을 당시와 같은 상황은 아닌가? "우리는 성령이라는 것이 있다는 말조차 들어보지 못하였습니다"(사도 19,2)라고 그들은 바울로에게 터놓고 말할 수밖에 없다. 혹시 이 "잊혀짐"은 성령 스스로를 어떻게라도 드러내려는 특징은 아닌가?

『가톨릭 교회 교리서』 제1편 제2부 제3장의 성령에 관한 장은 이에 관해 말한다:

"'하느님의 생각은 하느님의 성령만이 아실 수 있습니다'(1고린 2,11). 하느님을 계시해 주시는 성령께서는 하느님의 살아 계신 '말씀'이신 그리스도를 우리에게 알려 주시지만, 자신에 대해서는 말씀하지 않으신다. '예언자들을 통해 말씀하셨던 분이' 우리에게 성부의 '말씀'을 들려 주신다. 그러나 우리는 성령의 말씀을 듣지 못한다. 우리에게 '말씀'을 계시해 주시고 신앙으로 말씀을 받아들이게 하시는 성령의 활동을 통해서만 성령을 알 수 있다. 우리에게 그리스도를 '드러내시는' 진리의 성령께서는 '자기 생각대로 말씀하시지 않는다'(요한 16,13 참조). 참으로 하느님다운 이러한 숨김은, '세상은 그분(성령)을 보지도 못하고 알지도 못하기 때문에 그분을 받아들일 수가 없지만' 그리스도를 믿는 사람들이 그분을 아는 것은 그분께서 그들 안에 계시기 때문이라는(요한 14,17) 것을 설명해 준다."[4]

이렇게 성령께서는 어디서나 신앙을 앞서 가고, 신앙을 일깨우고, 이끌고 지도하시지만, "계시에서는 마지막이시다".[5] 교리교육의 목표는 "사람들이 예수 그리스도와 친교를 이루게 하는 것"[6]이며, 이는 바로 교회의 목표로서 그리스도와의 충만한 삶의 공동체다. "그리스도와 만나기 위해서는 먼저 성령의 인도를 받아야 한다."[7]

그러면 이 일은 어떻게 이루어지는가? 성령은 어떻게 우리를 감도하시는가? 그분은 어떻게 그리스도를 계시하시는가? 만일 그분이 내면에서부터 마음을 감도하고 가르치시지 않으면 최고의 복음 선포 방법도 아무런 소용이 없다. 사도행전은 성령에 의해 어떻게 복음이 전파되는지 그리고 그분이 어떻게 복음의 문을 열고 닫으시는지를 보여 준다(사도 16,6.8.14 참조).

처음부터 영은 "한 처음에" 계셨던 말씀으로부터 불가분적으로 활동하시며, 그분도 말씀과 마찬가지로 하느님이셨다(요한 1,1 참조). 그리고 창조와 계약 체결 안에서 모든 것을 행하신 로고스, 즉 말씀처럼 성령도 그러하시다.

『가톨릭 교회 교리서』에는 "태초부터 '때가 찼을 때'(갈라 4,4)까지"[8]의 성령의 감추어진 활동에 대한 교리교육 전반에 대한 것을 찾아 볼 수 있다. 이러한 교리교육은 "'예언자들을 통해 말씀하신' 성령께서 그리스도에 대해 우리에게 말씀하시고자 하는 것"[9]을 바탕으로 구약성서를 읽도록 도와주어야 한다. 교리서는 여기서 단지 불충분한 표현이지만 공의회가 요구하는 것과 같은 성서 해석으로 안내하고자 한다. 즉, 가장 중요한 텍스트 중 하나인 「계시헌장」*Dei Verbum* 12항에서 말하는 바와 같이 "성령을 통해 쓰여진 성서는 성령의 도우심으로 읽고 해석해야 한다"[10]는 것이다. "'때가 찼을 때'(갈라 4,4)까지 아버지의 '말씀'과 '영'의 공동 사명은 숨겨진 상태로 계속 활동하고 있었다. 하느님의 '영'은 그동안 메시아의 때를 준비하고 계셨으며, 두 분 다 아직 완전히 계시되지는 않으셨지만, 그분들을 기다리고, 나타나시면 영접하도록 약속되어 있었다."[11]

교리교육은 구약에서의 성령에 관해서 유비를 사용하지 않고, 창조에서 시작하여 세례자 요한에 이르기까지[12] 구약의 구체적인 사건들과 단계들을 그리스도를 향한 인내심 있는 준비로써 기술하고 있다. 어디서나 감추어진 "삶의 힘"이신 영이 계시는데, 그분은 벌써 활동 중이시면서도 아직 알려지지 않은, 그야말로 아직 "주어지지" 않은 분이시다. 왜냐하면 "예수께서 영광을 받지 않으셨기 때문에 성령이 아직 사람들에게 와 계시지 않으셨던 것이다"(요한 7,39). 요한 복음에서 교부들이 자주 인용하는 구절에서는[13] "그 명절의 고비가 되는 마지막 날에 예수께서는 일어서서 이렇게 외치셨다: '목마른 사람은 다 나에게 와서 마셔라. 나를 믿는 사람은 성서의 말씀대로 그 속에서 샘솟는 물이 강물처럼 흘러나올 것이다.' 이것은 예수께서 당신을 믿는 사람들이 받을 성령을 가리켜 하신 말씀이었다. 그 때는 예수께서 영광을 받지 않으셨기 때문에 성령이 아직 사람들에게 와 계시지 않으셨던 것이다"(요한 7,37-39).

"구원을 위한 성자의 강생으로 시작된 이 '마지막 때'에 이르러서야 성령께서는 계시되고 주어지고 위격으로 인정되고 받아들여지셨다. 이 때에는 새로운 창조의 '맏이'이시며 머리이신 그리스도 안에서 완성된 하느님의 이 계획이 성령이 주어짐으로써 교회, 성인의 통공, 죄의 사함, 육신의 부활, 영원한 생명 등으로 인류 안에서 구체화될 것이다."[14]

오순절에 교회가 설립된 것은 분명하나 성령은 먼저 십자가상에서 주어졌다. 왜냐하면 "예수께서 영광을 받지 않으셨기 때문에 성령이 아직 주어지지 않으셨던 것이다"(요한 7,39). 그러나 예수께서는 십자가상에서 영광을 받으셨다. 바로 여기 "더욱 극진히"(요한 13,1) 사랑 속에서 성령 또한 선물로 주어졌다. 바로 여기, 이 시간 안에서 "우리의 구원 사업이 완성되는 것이다". 그러므로 우리는 우리 자신을 다시금 십자가의 신비로 향하게 함으로써, 예수께서 영광을 받으시던 시간 안에 주어진 성령의 선물에 관한 묵상을 통해 앞 장에서 이미 다루었던 "그리스도 옆구리에서"ex latere Christi 태어난 교회라는 주제로 묵상을 계속하고자 한다. 왜냐하면 십자가, 곧 파스카 신비는 교회가 "생명의 강물"인 성령을 받고 또 스스로 계속해서 흘러 나올 수 있는 원천으로 남아 있기 때문이다.

앞에서 예수께 대한 판결과 살해가 어떻게 인간적인 범죄인 동시에 신적 구원의 행위였는지 묵상하였다. 신약성서는 이러한 인간의 죄스런 행위와 신적인 은총의 행위가 맞물린다는 것을 언어적 특수

성 안에서 표현하고 있다. "넘겨주다", 경우에 따라 "희생하다" — 그리스어: *paradidonai*/라틴어: tradere — 라는 단어는 하느님의 구원 행위와 인간의 악한 행위에 대해 사용되는 말이다. 즉, 유다는 예수님을 "넘겼다"tradidit illum(마태 10,4 참조)고 하거나, 예수님은 죄인들의 손에 넘어갔다고 한다(참조: 마르 9,31; 루가 24,7). 하지만 이 같은 단어는 하느님의 결의를 위해서도 사용된다. 예를 들어 수동형으로 그분은 "우리의 죄 때문에 죽으셨다"(로마 4,25), 혹은 아브라함의 제물을 암시하며 "우리 모든 사람을 위하여 당신의 아들까지 아낌없이 내어주신 하느님께서 그 아들과 함께 무엇이든지 다 주시지 않겠습니까?"(로마 8,32)라는 표현이 그것이다. 또한 바울로도 여러 번 그리스도께서는 바울로 그를 위해(갈라 2,20 참조), "우리를 위하여"(에페 5,2), 교회를 위하여(에페 5,25 참조) 당신을 스스로 내주셨다고 말한다. 또한 다시금 같은 단어가 "아버지께서는 모든 것을 저에게 맡겨 주셨습니다"(마태 11,27)라는 말로 나타난다.

죄인들의 행위이자 동시에 하느님의 구원 행위인 십자가 앞에서 바울로는 "하느님께서 그 아들과 함께 무엇이든지 다 주시지 않겠습니까?"(로마 8,32)라고 질문한다. 그는 모든 것이며, 하느님이 사랑하신 그 아들이시다. 교황은 성령에 관한 회칙인 「생명을 주시는 주님」*Dominum et Vivificantem* 23항에서 "아들을 '주셨다'라고 하는 그 일 자체를 통해 무궁무진한 은총의 원천이시며 사랑이신 하느님의 가장 깊은 본성이 표현됩니다. 아들을 주시는 그 선사 행위 안에서 계시가 완성되고 영원한 사랑의 너그러움이 더없이 완벽하게 실현됩니다. 신성의 헤아릴 길 없는 깊이 안에서 '위격자요 선물'인 성령께서는 아들의 일, 곧 파스카 신비를 통해 그렇게 되셨거니와, 그 성령이 새로운 방식으로 사람들과 교회에 주어지고 그들을 매개로 하여 전 인류와 세상에도 주어졌습니다"라고 말씀하셨다.

아버지께서는 우리와 화해하시기 위해서 당신의 영원한 말씀이신 당신의 외아들을 바치셨다. 영원한 말씀은 성 토마스의 훌륭한 표현에 따르면 "사랑을 숨쉬는 말씀"Verum spirans Amorem이시다. 그리고 아드님은 우리에 대한 사랑 때문에 자신을 아버지께 "맡기셨고", 아버지께 대한 사랑 때문에 우리를 위해 자신을 희생하셨다: "'아버지, 제 영혼/영을 아버지 손에 맡깁니다!' 하시고는 숨을 거두셨다/영을 내쉬셨다"(루가 23,46). 요한 복음은 "숨을 거두셨다/당신의 영을 거두셨다"tradidit spiritum(요한 19,30)라고 한다. 오늘날의 성서 주석과 교부들의 유력한 해석에 따르면 여기서 말하는 "영"은 영혼, 곧 인간적인 영을 뜻한다. 그럼에도 불구하고 이 사건 자체는 예수께서 약속하신 영, 지금 주어지는 그 영을 향해 열려 있다. 곧 십자가상에서 아드님은 자신의 모든 것, 전 생명을 선물로 주셨다. 인간으로서 죽어가시는 그분은 사랑을 숨쉬는 말씀이시다.

십자가상에서 가장 거룩한 삼위일체가 계시된다. 즉, 아버지는 모든 것, 당신의 아드님을 주셨고, 아드님은 모든 것, 곧 당신의 생명을 주셨다. 그래서 그 두 분은 위격 안에서 선물이며, 사랑이신 성령을 주신다. 만일 그리스도께서 죽음으로 모든 것이 끝났다면, 이 모든 것은 단지 아름다운 꿈에 불과할 것이다. 그러나 그분은 부활하셨다! 그분은 "아버지의 영광스러운 능력으로 죽은 자들 가운데서 다시 살아"(로마 6,4)나셨다. 그리고 부활하신 분의 첫 선물이 성령이시다. 하지만 주님께서는 제자들에게 숨을 내쉬시고 "성령을 받아라"(요한 20,22)라고 말씀하시기 전에 먼저 "당신의 손과 옆구리를 보

여 주셨다"(요한 20,20). 이에 대해서 교황은 회칙에서 다음과 같이 말씀하신다:

> 그분께서 그들에게 이 성령을 주실 수 있었던 것은 말하자면 당신 십자가 수난의 상처를 통해서 이루어진 것이었습니다. … 그분께서 "성령을 받아라" 하고 말씀하실 수 있었던 것은 당신께서 십자가에 못박히셨기 때문이었습니다. 이처럼 아들을 보내는 일과 성령을 보내는 일은 서로 긴밀한 관계를 맺고 있습니다. 원죄 이후에는 성령을 보내는 일이 십자가와 부활 없이는 있을 수 없게 되었습니다. … 어떤 의미에서 아들의 파견은 구속에서 그 "완성점"에 도달합니다. 성령의 파견은 구속으로부터 흘러나옵니다. … 구속은 … 아들에 의해 … 십자가 나무 위에서 자신을 최상의 희생물로 바치셨습니다. 그런데 이 구속은 "다른 파라클리토이신" 성령에 의해 사람들의 마음과 양심 속에서 ─ 세상의 역사 안에서 ─ 계속적으로 성취되고 있습니다.[15]

이와 함께 우리 묵상의 출발점으로 돌아가자. 오순절에 성령을 통하여 교회의 "공시"가 시작되었다. 곧 교회의 외면적이고 내적인, 교회의 가시적이며 영적인 성장인 "교회의 시간"이 시작되었다. 그러나 성령은 십자가상에서 주어지며, 이 원천인 십자가는 교회의 기원으로 남는다. 구세주의 뚫린 심장은 성령이 흘러나오는 끝없는 사랑의 원천으로 남는다.[16]

그러므로 "교회의 시간"은 아버지로부터 우리에게 영을 보내시고 십자가에 못박히시고 부활하신 주님의 시대다. 교회의 시간은 십자가상에서 그리고 부활날 저녁 그리스도께서 숨쉬신 성령의 시간이다. 그러므로 어떤 "새로운 시대"(뉴 에이지)가 주어진 것이 아니며, 부활 이후 우리가 속해 있는 "마지막 시간들" 외엔 그 어떤 시간도 없다. 그리고 성령께서는 우리를 바로 그분, 그리스도 외에 다른 어느 곳으로도 이끌지 않으시며, 성령께서는 우리에게 주기 위한 모든 것을 그리스도로부터 받으신다(요한 16,14 참조).

교회는 "성령께서 피어나는 곳"[17]이다. 성 이레네오는 "그리스도와 이루는 친교, 곧 불멸의 보증이며 우리 신앙의 확인이요 하느님께로 오르는 사다리인 성령이 교회에 주어졌다. … 교회가 있는 곳에 하느님의 영이 계시고, 하느님의 영이 계시는 곳에 교회와 모든 은총이 있기 때문이다"[18]라고 하였다.

진리와 사랑의 영이신 그분을 어디에서 깨달을 수 있는가? 어떻게 그분의 활동을 다른 영들과 악한 영들로부터 구별할 수 있는가? 예수께서는 "세상은 그분을 보지도 못하고 알지도 못하기 때문에 그분을 받아들일 수 없다"(요한 14,17)고 말씀하셨다. 우리가 우리들의 목자 직무에서 "성령의 불을 끄지 말도록"(1데살 5,19) 하기 위하여, 그리고 우리가 성령의 인도를 받기 위하여(참조: 로마 8,14; 갈라 5,18) 이 분별의 은사보다 더 필요한 것은 없다. 왜냐하면 그렇게 함으로써 우리는 자유롭고, 하느님의 자녀이고 참으로 교회, 곧 하느님의 가족이기 때문이다. 또한 그렇게 할 때 우리는 우리가 열망하고 있는, 영혼의 감미로운 손님이신 성령만이 주실 수 있는 그 행복을 찾을 수 있기 때문이다.

둘째 묵상: 당신 교회의 믿음을 보소서

교회는 공의회가 말하는 대로 "믿음과 희망과 사랑의 공동체"[19]다. 이는 교회의 신비에 관한 모든 증언 중에서 으뜸이다. 우리는 여기서 성령을 통한 교회의 "설립과 공포"에 대해 묵상한다. 여기서 우리는 교회 설립과 공포에 관계되는 이 주제에 관한 많은 견해를 접할 수 있다. 제1차 바티칸 공의회는 "교회의 거룩함과 보편적 일치와 확고한 안정성은 그 자체가 교회에 대한 위대하고 영원한 신뢰의 동기가 되며, 하느님께서 교회에 사명을 주셨다는 부인할 수 없는 증거가 된다"[20]는 점을 상기시키고 있다. 그러나 전체적인 관점에서 볼 때 교회의 이 역할은 이러한 외적 표지보다는 교회의 내면적인 삶의 원리가 묵상의 대상이 되어야 한다.

교회의 "영혼"은 바로 성령이시다. "그리스도의 몸을 이루는 모든 지체가 서로, 그리고 그 으뜸이신 머리와 결합하는 것은 숨은 원리로서 그리스도의 성령의 작용으로 보아야 한다. 그것은 성령께서 온전히 그 머리 안에 계시며, 온전히 그 몸 안에 계시고 또 온전히 각 지체들 안에 계시기 때문이다."[21]

"성령께서는 '신비체의 모든 지체들이 하는 생동적이며 참으로 유익한 모든 활동의 근원이시다'."[22]

그러므로 유명한 신학자인 샤를르Charles Journet 추기경은 사랑을 교회의 창조된 영혼이라고 칭하는 반면, 성령을 교회의 창조되지 않은, 즉 신적인 영혼이라고 하였다.[23]

성령께서 교회와 그 지체들 안에서 행하시는 "생동적이며 참으로 유익한 모든 활동" 중에서는 향주덕들이 두드러지게 나타난다. "왜냐하면 향주덕은 하느님과 직접 관계되기 때문이다. 향주덕은, 그리스도인들이 거룩하신 삼위와 관계를 맺으며 살아가려는 마음을 가지게 한다. 향주덕의 근원과 동기와 대상은 한 분이시고 세 위이신 하느님이시다."[24]

"향주덕은 그리스도인의 윤리적 행위의 기초가 되며 그 행위에 활력을 불어넣고 특징을 부여한다. 곧 모든 윤리 덕들을 알게 하고 생기를 불어넣는다. 향주덕은 신자들이 하느님의 자녀로서 행동하여 영원한 생명을 누릴 자격을 얻을 수 있게 하려고 하느님께서 그들의 영혼에 불어넣어 주시는 것이다. 향주덕은 인간의 능력 안에 성령의 현존과 활동을 보증한다."[25]

또한 성령의 능력으로 말미암은 교회의 결정적인 "설립과 공포"는 신학자들이 "하느님을 향한 삶"이라고 말하는 향주덕(믿음·희망·사랑)에 기초한다. 이 향주덕은 우리로 하여금 "하느님의 본성을 나누어" (2베드 1,4) 받게 하고 "예수 그리스도와 친교를 이루게"[26] 한다.

계속 이어질 세 가지 묵상들은 향주덕에 대한 것이다. 여기서 믿음·희망·사랑이라는 광대한 영역으로부터 개인적인 묵상을 위한 약간의 묵상거리들을 제시할 수도 있다. 그러면 믿음에 관한 이야기를 시작해 보자.

교리서는 신앙을 이렇게 정의하고 있다: "신앙으로써 인간은 온전히 자신의 지성과 의지를 하느님께 복종시킨다. 인간은 자신의 존재 전체로, 계시하시는 하느님께 동의를 드리는 것이다. 성서는 계시하시는 하느님께 대한 이러한 인간의 응답을 '신앙의 복종'이라고 부른다."[27]

「계시헌장」 5항에도 나오는 이러한 정의에 맞서서 이 정의가 너무 지적이고 자의적이며, 신뢰를 잘 드러내지 못한다는 이의가 제기되었다. 이성과 의지로부터의 동의가 단지 인간적인 의지와 이성의 노력으로 이루어지지 않는다는 점이 사실 분명하게 고려되지 않았다. 신앙의 동의는 오히려 그 이상의 것, 즉 하느님의 실제적인 감도, 실제적인 하느님과의 접촉, 하느님께 대한 진실된 체험을 포함한다. 그래서 향주덕이 진실로 하느님께 "이른다"는 데, 향주덕 안에서 그리고 향주덕을 통해 살아 계시며 삼위일체이신 하느님과의 "친교"가 이루어진다는 데 향주덕의 탁월함이 있다. 그 때문에 교회가 "성부와 성자와 성령의 일치로 모인 백성"[28]일 때 향주덕은 교회의 "삶의 환경"이 된다.

  십자가의 성 요한은 "신앙은 우리에게 하느님 자신을 주며 우리로 하여금 그분을 알아보게 한다"(『영혼의 노래』 11)라고 하였다. 그는 "영혼을 더 많이 믿을수록, 영혼은 하느님과 더욱 하나가 된다"(『가르멜의 산길』 9)라고 말할 수 있었다. 따라서 성 토마스가 아직 희미할지라도 신앙이 곧 지복직관의 시작[29]이라고 말할 수 있었던 이유가 설명된다. 왜냐하면 지복직관이 우리를 하느님과 완전히 일치시키듯 준비된 신앙은 우리를 그분과 일치시킨다. 그러기에 신앙과 직관 사이에는 본질적인 차이가 없으며, 아직 세상 여정의 어둠 속의 신앙과 어둠 없는 빛의 광채 속의 직관 둘 다 우리를 하느님과 하나가 되게 한다.

  가르멜 영성의 스승들이 교회에 준 큰 선물은, 도미니코 회원들이 아마도 시샘을 느낄 만큼 많은 수의 성인이 아니라, 이 성인들이 살고 가르친 내적 기도의 실천이다. 내적 기도란 무엇인가? 간단하게 말하면 "하느님과의 살아 있는 만남"인데, 우리는 먼저 신앙의 행위를 통해서 이 만남을 가질 수 있다. 가르멜 회원이자 우리 시대의 유명한 영적 스승이고 재속회 Notre Dame de Vie의 설립자인 예수

아기의 마리 오이젠P.Marie-Eugène de I'Enfant Jésus 신부 — 그분이 빨리 복자 품위에 오르시길 바라면서 — 는 내적 기도를 설명하기 위해서 눈에 보이는 상징을 사용한다. 즉, 물 속에 손을 넣으면 나의 손이 젖는 것과 같이 내가 신앙의 행위를 하면, 틀림없이 하느님께서는 내 영혼을 감도하신다. 나의 육체적 혹은 심리적인 상태가 어떻게 항상 그럴 수 있는지에 대해서 아빌라의 성녀 데레사는 "내가 신앙의 단순한 행위를 통해 하느님과 결합할 수 있다는 것을 안다"(「완덕의 길」 28)라고 말하였다.

인간적인 경험으로부터 벗어나 있는 것이 바로 향주덕의 특징 중에 하나다. 나는 신앙을 가지고 있는가? 나는 희망과 사랑을 가지고 있는가? 여기에 대해 느낌이나 심리적인 경험으로 확신할 수는 없다. 우리 안에 있는 신적인 삶은 감추어져 있기 때문에 그것을 실제적으로 더 이상 어떻게 표현할 수가 없다. 마리 오이젠 신부는 말했다: "사람들이 늘 어떤 식으로 인지하든 — 심지어 이 인식은 완전히 잘못될 수 있다 — '나는 하느님의 권위에 의지하여 … 믿는다'라고 하자마자, 나는 하나의 초자연적인 행위를 한 것이며 신앙의 덕이 활동적인 것으로 된다."[30]

교리서는 이렇게 말한다: "계시된 진리들이 우리의 자연적 이성에 비추어 참되고 이해할 수 있는 것으로 드러난다는 사실이 신앙의 동기는 아니다. '스스로 그르칠 수 없고 우리를 그르치게 하지도 않으시는, 계시하시는 하느님 바로 그분의 권위 때문에' 우리는 믿는다."[31]

하느님이시기에, 무한하게 믿을 만하기에 믿는다. 이것은 우리 믿음의 근거다. 하지만 믿음에 대한 가능성은 하느님이 직접 우리에게 선물하신다: "이와 같은 믿음이 있으려면 먼저 하느님께서 은총으로

도와주셔야 하고, 또한 성령의 내적인 도움이 필요하다. 성령께서는 마음을 움직이시고, 하느님께로 회개시키시며, 마음의 눈을 열어 주시고 '진리에 동의하고 믿는 데에서 오는 즐거움을 모든 이에게 베푸신다'."[32]

하느님을 믿는다는 것은 하느님께 대한 경배, 바로 흠숭의 표현이며, 그분이 참으로 하느님이시라는 신앙고백이다: "나는 내가 믿어 온 분이 어떤 분이신지 잘 알고 있다"(2디모 1,12). 그래서 우리의 선포가 하느님을 향한 믿음으로의 초대이고, 믿음은 믿는 이들을 위한 실질적인 자양분임을 말하는 것이 중요하다. 우리의 믿음을 하느님께 선물로 드린 결과로서 교리서는 이렇게 가르친다:

> 신앙은 확실한 것이며, 그것이 거짓 없으신 하느님의 말씀 자체에 근거하기 때문에 인간의 모든 인식보다 더 확실하다. 물론 계시된 진리들이 인간의 이성이나 경험에 비추어 모호하게 보일 수는 있으나 "자연적 이성의 빛이 주는 확실성보다 하느님의 빛이 주는 확실성이 더 크다"(『신학대전』 II-II, 171, 5, obj. 3). "만 가지 어려움도 하나의 의심을 만들어 내지는 못한다"(존 헨리 뉴먼).[33]

그래서 십자가의 성 요한은 "확실하지만 또한 희미한 영혼의 습성"(『가르멜의 산길』 제2권, 2)이라고 신앙을 정의하였다.

우리가 믿는 그분께서 신앙을 비춰 주신다 해도 우리의 신앙은 종종 어둠 속을 지나기도 한다. 신앙은 시련에 처할 수 있다. 우리가 살아가는 세상은 흔히, 신앙이 우리에게 보장해 주는 것과는 거리가 멀어 보이기도 한다. 악과 고통, 불의와 죽음의 경험은 "기쁜 소식"에 반대되는 것처럼 보이며, 때로 신앙을 흔들기도 하고, 유혹이 될 수도 있다.[34]

이러한 시험 중에 우리는 신앙의 증거자를 향하게 된다. 즉, 아브라함은 "절망 속에서도 희망을 잃지 않고 믿었으며"(로마 4,18), 무엇보다 마리아는 공의회가 말하는 바와 같이 "신앙의 순례길"[35]을 걸어가셨다. 교황은 나자렛 집에서 감추어진 삶의 오랜 세월에 대한 묵상을 통해 마리아는 "오로지 믿음 안에서 믿음을 통해서만 아드님에 관한 진리와 접촉을 하고 계시다"라고 말씀하시고 동시에 마리아의 "일종의 신앙의 밤"에 대해서는 "보이지 않는 분께 가까이 나아가기 위해서, 그리고 신비와의 친교 상태에서 살 수 있기 위해서 통과해야만 하는 일종의 '장막'"[36]이라 하셨다. 이에 대해 아기 예수의 성녀 데레사는 이미 가장 긴 그녀의 마지막 시에서 마리아는 "일종의 신앙의 밤"을 알고 있었다고 명확하게 말하였다. 성녀가 이 시에서 말하고 있는 것은, 그녀의 "어둔 밤" 몇 달 동안 지극히 평화롭고도 확고한 믿음이 영혼의 깊은 어둠과 함께할 수 있다는 것을 스스로 깨달았다는 것이다. 「마지막 남긴 말씀」에서 성녀 데레사는 전한다:

> 나는 토마스 캠펜의 그리스도를 따름에 대한 묵상 안에서 아름다운 글을 읽었다. 게쎄마니 동산에서 우리 주님은 삼위일체의 모든 즐거움을 누리셨지만 그분 죽음의 고통은 참혹하였다. 이는 하나의 신비다. 하지만 나는 스스로 이 신비를 경험하기 때문에 여기에 대해 이해하고 있음을 여러분에게 보증한다.

만일 하느님을 향한 신앙이 하느님과의 살아 있는 접촉이라면, 그 접촉 안에서 하느님과의 실제적인 삶의 공동체가 이루어진다면, 왜 신앙이 영원한 삶을 얻기 위해서 꼭 필요한 것인가를 이해할 수 있다: "믿음 없이는 하느님을 기쁘게 해 드릴 수 없고"(히브 11,6), 그 누구도 "'끝까지 신앙을 간직하지'(마태 10,22; 24,13) 않고서는 영원한 생명을 얻지 못하기 때문이다."[37]

믿음 안에서 인내의 은총을 청함은 우리의 나약함을 인식하도록 우리에게 요청하는 것이며, 더 나아가 하느님의 사랑에 성실히 머물기를 바라는 것이고, 하느님의 신의를 배신하지 않기를 바라는 것이다: "훌륭한 싸움을 싸우시오. 믿음과 맑은 양심을 가지고 싸워야 합니다. 어떤 사람들은 양심을 저버렸기 때문에 그들의 믿음은 파선을 당했습니다(1디모 1,18-19)".[38]

나는 상하이의 주교 공 핀-메이 이냐시오Ignatius Gon Pin-mei 추기경이 로마와 루르드를 처음 방문했을 때의 만남을 기억한다. 그는 교황에 대한 자신의 신의 때문에 32년 동안 감옥살이를 하였다. 당시 87세였던 그는 헤어질 무렵 참석한 모든 사람들에게 "제가 끝까지 신앙에 항구할 수 있도록 기도해 주십시오!"라고 청하였다.

"주님, 저희의 죄를 보지 마시고, 오직 당신 교회의 믿음을 보소서!" 내부로부터 또 외부로부터 닥치는 우리 자신의 믿음에 대한 위험들 앞에서 "당신 교회의 믿음"을 바라보자. "누구도 홀로 믿거나 홀로 살아갈 수는 없다. 누구도 스스로에게 생명을 줄 수 없듯이 스스로에게 신앙을 줄 수 없다. … 나는 다른 사람들의 신앙에 의지하지 않고서는 믿을 수 없으며, 또한 나의 신앙을 통해서 다른 사람들의 신앙을 지탱하는 데 이바지한다."[39]

물론 나의 신앙과 우리의 신앙은 더 이상 나나 우리의 신앙이 아니라 곧 교회의 신앙이다. 교회는 credo를 말하고, 나는 이를 오직 교회와 더불어 말할 수 있을 뿐이다. "교회가 먼저 믿고, 이로써 나에게 그 신앙을 전해 주고, 키워 주고, 지탱해 준다."[40]

"저는 믿나이다." 이는 교회가 자신의 신앙으로 하느님께 응답하는 것이며, 우리에게 "저는 믿나이다", "저희는 믿나이다"[41] 하고 말하도록 가르치는 것 또한 우리 어머니인 교회이다. 교회의 신앙은 흔들리지 않을 것이다. 교회는 "진리의 기둥이고 터전"(1티모 3,15)이므로.

셋째 묵상: 기도 — 희망의 대변자

성녀 에디트 슈타인의 잘 알려진 일화가 있다. 성녀는 개종하기 전 프랑크푸르트 주교좌 성당에 들르게 되었는데, 그 때 시장에 다녀오던 한 평범한 부인이 성당에 들어와 무릎을 꿇고 기도하는 모습을 보게 되었다. 에디트 슈타인의 증언에 의하면 바로 이 모습, 즉 평범한 사람이 성당에서 무릎 꿇어 기도하는 모습이 성녀를 신앙의 길로 들어서는 데 결정적인 감명을 주었다고 한다.

보이지 않는 하느님과의 이 친숙한 교제는 무엇인가 말할 수 없는, 전적으로 단순한, 자명한 것과 같은, 그러면서도 그렇게 신비적인 것이었다. 이는 자기를 향하는 명상이 아니라, 신비스러운 다른 분을 향한 고요한 휴식과도 같은 것이었다. 기도하는 평범한 여인에게서 에디트 슈타인이 예감한 것은 그녀에게 하느님이 존재한다는, 그리고 기도 안에서 우리는 그분께로 향한다는 확신으로 변하였다.

고요히, 때때로 몇 시간씩, 혹은 밤을 새워 바치신 예수님의 기도가 당신의 제자들에게 어떤 인상을 주었겠는가! 이 비밀스런 장소

주위에서, 오랫동안 고요함 속에서 주님께서 "아빠"라고 부르는 분께로 향함은 무엇이었을까? — "예수께서 하루는 어떤 곳에서 기도를 하고 계셨다. 기도를 마치셨을 때 제자 하나가 '주님, 요한이 자기 제자들에게 가르쳐 준 것같이 저희에게도 기도를 가르쳐 주십시오' 하고 말하였다"(루가 11,1). 저희에게도 기도를 가르쳐 주십시오. 이는 제자가 고요한 친교의 장소로 들어가기를 갈망하는 것이며, 볼 수 없는 현존 앞에 깨어 엎드림이다. 예수님 기도의 신비에 대한 경외심은 대단하였지만 제자는 감히 예수님의 기도를 중단시키거나 자신의 질문을 가지고 그분의 기도에 감히 끼어들지도 못할 정도였다. 그 제자는 예수께서 스스로 기도를 마치실 때까지 기다린다. 그러고 나서야 비로소 제자는 과감하게 질문하고, "저희에게도 기도를 가르쳐 주십시오"라고 청한다.

성당에 갔을 때 그곳에서 조용히 기도하고 있는 사람을 보면 우리는 감동을 받곤 한다. 그러한 광경이 기도하고 싶은 갈망을 일으키는가? 그 순간 우리는 마치 순교자 안티오키아의 성 이냐시오Ignatius von Antiochia가 "살아 있는 물이 내 안에서 속삭이며 나에게 말하기를 '자, 아버지에게로 나아가자'"(「로마인들에게 보낸 편지」 7,2)라고 기록한 것처럼 살아 있는 물로 부르는 샘의 속삭임을 듣게 되는가?

기도에 대한 갈망은 우리를 아버지께 이끌어 가시는, 우리 안에 계시는 성령의 유혹이다. 그렇다. 이 갈망이야말로 이미 기도이며, 이미 우리 안에 계신 그리스도의 영의 기도이며 "말로 다 할 수 없을 만큼 깊은 탄식"(로마 8,26)이다.

물론 우리는 오늘날 기도를 위한 토양이 말라버린 것은 아닌가라는 질문을 조심스럽게 해보아야 한다. 성령의 샘에 감추어진 속삭임

이 우리 시대의 소음에 묻혀 버린 것은 아닌가? 사람들의 관심을 끈 포스트만Neil Postman의 저서 『우리는 죽음에 흥겨워한다』에서 밝히는 것처럼, 평범한 미국인들이 자기 인생에서 15년을 텔레비전 앞에서 보낸다면 기도가 될 수 있을까? 『교회법전』에 "우연히도" 묵시록에 나오는 짐승의 숫자를 지닌 제666조가 수도자들 ― 단지 그들만? ― 에게 사회 홍보 수단의 오용을 경고하고 그들의 성소를 저해할 수 있는 위험성을 지적하고 있다는 것은 섭리의 작은 신호인가? 의심할 여지 없이 오늘날의 사회에는 기도에 유해한 많은 요소가 있다.

그럼에도 불구하고 우리는 그 어떤 세속화도 하느님의 부르심을 인간의 마음속에서 완전히 덮어 버릴 수는 없음을 희망한다. 나는 빈 슈테판 주교좌 성당의 마리아-페취Maria-Pötsch 제대 위에서 날마다 타고 있는 수많은 촛불을 보면서 기도가 아직도 살아 있음을 드러내는, 볼 수 있는 표지라는 생각을 한다. 왜냐하면 기도는 우리가 만들어내는 것이 아니라, 하느님 친히 인간의 마음에 넣어 주신 열망의 표현이기 때문이다. 성 아우구스티노의 "당신은 당신을 위하여 우리를 창조하셨다"는 표현을 여기서 발견한다.

슈테판 주교좌 성당의 천주의 어머니 성화상 옆 촛불들은 희망의 증인들이다. 기도하는 사람은 희망하는 사람이다. 기도가 이루어질 것이라고 희망할 수 없는 사람은 기도할 수도 없기 때문이다. 우리는 우리의 청이 받아들여질 가망이 있을 때 비로소 사람들에게 무엇인가를 부탁한다. 성 토마스는 "기도는 희망의 대변자"(『신학대전』 II-II, 17, 4, obj. 3)라고 말하는데, 이것이 향주덕에 대한 둘째 묵상의 주제다.

우리는 기도에서 우리 기도의 상태를 평가할 수 있다. 우리는 무엇을 위해 기도하는가? 우리는 무엇을 희망하는가? 우리가 청하고 희망하는 바가 우리의 능력으로 이루어지는 것이 아니라, 오직 우리에게 선물로 주어지는 것임을 알고 있기에 기도와 희망은 서로 유사하다고 하겠다.

그렇다면 우리는 희망할 수 있는 것만 기도해야 하는 것일까? 성 토마스는 기도에 관한 긴 질문에서 — 이는 『신학대전』 전체에서 가장 긴 것이다 — 다음과 같이 말한다:

> 기도는 우리가 하느님 곁에서 가지고 있는 갈망의 대변자다. 그러기에 우리는 기도를 통해 올바르게 열망해도 되는 바를 오직 올바른 방법으로 청한다. 「주님의 기도」에서는 올바르게 열망하는 바를 위해서만 기도하지 않고, 우리가 얻고자 하는, 지향해야 하는 질서와 순서에 따라 기도한다. 그러기에 이 기도는 청하는 것을 가르칠 뿐만 아니라, 또한 우리의 바람과 감정도 형성한다(『신학대전』 II-II, q.83, a.9).

「주님의 기도」는 우리의 모든 정서적 삶을 올바른 척도에 따라 나타내며, 우리의 바람과 열망, 또한 우리의 기도에 올바른 우선권을 준다는 것, 이는 놀라운 말이다.

우리가 제일 먼저, 가장 큰 갈망으로 "아버지의 나라가 오시며" "아버지의 뜻이 하늘에서와 같이 땅에서도 이루어지소서"라고 청해야 한다는 것은 실제로 현명한 것인가? 일용할 양식에 대한 염려 — 우리 곁의 얼마나 많은 사람들이 일자리 때문에 걱정하거나 그 일자리를 잃어버렸던가! — 그리고 서로간의 돈독한 친목 — "저희 죄를 용서하시고" — 에 대한 염려, 무엇보다도 악과 유혹과 곤경과 절망 — "저희를 유혹에 빠지지 않게 하시고", "악에서 구하소서" — 으로부터 보호해 주시기를 청하는 것, 즉 우리 삶의 어려움 가운데서 생겨나는 이 모든 청원들은 우리 삶의 전면에 밀어닥쳐 우리 마음을 압박하기에 이 청원의 대다수는 가장 시급한 우리의 청원들이다.

여기서 이미 밝혀진 것은, 우리가 이러한 청원과 함께 하느님을 향한다는 것 그리고 이 모든 어려움 가운데 실제로 그분으로부터의 도움을 고대한다는 것, 즉 그분을 열망한다는 것이다. 기도는 "행동하는 희망이다, 왜냐하면 기도는 희망의 언어이기 때문이다"[42]라고 라찡거 추기경[43]은 말한다. "절망한 사람은 더 이상 희망하지 않기에 기도하지 않고, 자기 자신과 자신의 능력에 확신하는 사람은 오직 자기 자신만을 신뢰하기에 기도하지 않는다. 기도하는 사람은 자기 자신의 능력을 넘어서 나오는 선과 권능을 믿고 의지한다."[44]

우리가 진실로 「주님의 기도」 후반부의 네 가지 청원에서 청하는 바를 위해서 기도할 때, 우리는 이미 그것을 희망하고 있는 것이며, 이 희망은 우리가 청한 것을 넘어서 "아버지의 이름이 거룩히 빛나시며, 아버지의 나라가 오시며, 아버지의 뜻이 하늘에서와 같이 땅에서도 이루어지소서! …"라고 우리가 청하는 그분을 향한 것이다. 그리고 이 희망은 결국 하느님을 감히 "우리 아버지"라고 부를 수 있는 더욱더 큰 신뢰의 표현이 된다.

"우리 모든 갈망과 감정이 형성된 것"이 「주님의 기도」라고 성 토마스는 말한다. 그리고 사실 우리가 늘 새롭게 듣고 있는 것은, 사람들이 「주님의 기도」라는 기도를 통하여 실제로 그들 삶의 근본 바탕까지 치유됨을 경험하였다는 것이다. 나는 「주님의 기도」 낭송을 통하여 회개의 은총을 받은 솔제니친Alexander Solschenizyn의 친구 파닌 Dimitri Panin[45]과 고리체바Tatjana Goritschewa를 기억한다. 우리의 감정 상태가 「주님의 기도」로부터 형성될 때, 우리의 바람과 열망은 온전한 것이고 하느님의 활동에 일치하며, 우리의 기도는 하느님의 계획에 맞게 하느님의 섭리와 함께 협력하면서 점점 더 효과적인 것이 된다. 이러할 때 우리의 기도는 "하느님의 뜻을 따라 성도들을 대신해서 간구해 주시는" "성령의 생각"(로마 8,27)에 일치하게 될 것이다.

『신학개요서』Compendium theologiae에서 성 토마스는 「주님의 기도」는 하느님 안에서 우리의 희망이 최상의 단계로 들어올려지게 하는 기도다"라고 말했다.

그렇다면 무엇이 희망인가? "희망은 그리스도의 약속을 신뢰하며, 우리 자신의 힘을 믿지 않고 성령의 은총의 도움으로, 우리의 행복인 하늘 나라와 영원한 생명을 갈망하게 하는 향주덕이다."[46]

피퍼Josef Pieper는 아주 간결하게 말한다: "희망이란 하느님의 삼위일체적인 생명을 바라보고 전적으로 받아들이는 참여 안에서 영원한 지복에 대한 신뢰와 인내를 통한 기대다."[47]

카예탄Kajetan은 토마스를 인용해 더 요약해 말한다: "희망은 하느님에게서 하느님을 바라는 것이다"(『신학대전』 주석서 II. II, 17, 5). 희망은 하느님 그분의 영원한, 불멸의 행복을 바라는 것이다. 희망은 그 어떤 것을 바라는 것이 아니라, 모든 선물의 증여자이신 하느님 그분을 바란다. 희망은 아직 볼 수 없고, 아직 소유할 수는 없지만, 희망은 하느님 그분께 도달할 수 있다. 말하자면 희망은 "하느님 안에 닻을 내리고" 그분 안에 "정착하는" 것이다.

하느님을 믿기에 믿음을 확신하는 것처럼, 희망은 실망하지 않는 것이다(로마 5,5 참조). 왜냐하면 희망은 하느님께서 약속하시는 것을 하느님께 대한 완전한 신뢰로 기대하기 때문이다. 희망은 오로지 하느님으로부터만 굴하지 않는 확신을 가진다 — "In te, Domine speravi, non confundar in aeternum(하느님, 당신께 바랐사오니 영원토록 부끄러워하지 않으리라)." 떼 데움의 이 마지막 구절을 브루크너Anton Bruckner가 얼마나 훌륭하게 작곡하였던가!

기도가 "행동하는 희망"이라면, 기도의 어려움과 위험은 또한 희망의 위기인 것이다. 절망과 잘못된 자만은 그리스도교 영적 스승들의 가르침에 따르면 희망에 상반되는 잘못된 태도들이다.

나는 여기서 절망에 가까운 잘못된 형태에 대해서 언급해 보려고 한다. 특히 우리 성직자들을 괴롭히고 우리 영적인 삶을 위협하며 희망의 활기를 앗아가는 것으로, 제1장의 마지막 묵상에서도 짧게 이야기했던 것으로 나태, 즉 영적 권태다.

나태를 우리는 어떻게 이해하고 있는가? 나태는 분노나 슬픔과 비슷하다. "권태는 우선 일반적으로 밀려드는 생각들에서 자신을 방어하려는 사람을 무기력하게 만드는 이완 혹은 일종의 본성적인 정신력의 긴장 상실이다. 일반적으로 이 무기력한 상태에서 모든 … 권태의 모습들, 공허함과 지겨움의 감정, 무능력, 어떤 특정한 것에 집착, 무엇보다도 욕지기와 혐오, 우울한 감정, 무기력과 마음의 고뇌 등이 생겨난다."[48]

나태는 특히 찌는 듯이 더운 낮 시간에 수사들을 엄습하기 때문에 옛사람들은 "정오의 마귀"라 불렀는데 좌절과 공격성이 특별히 섞여 있다. 기존의 것에 대한 혐오감과 있지도 않은 것에 대한 막연한 꿈들이 그것이다. 영적인 삶에서 나태는 일종의 진퇴양난과 같다.[49]

나이 많고 경험 많은 수사들이 나태라는 유혹을 진지하게, 혹은 풍자적으로 표현할 때 우리는 당황해한다. 나태는 일종의 영적 게으

름으로도 정신없는 분주함으로도 나타난다. 수도원의 자기 독방에서 도망가고 싶다고 말할 정도로 수사들이 절박함을 표현하지만, 이러한 나태가 우리 삶에서 어떻게 나타날지는 쉽게 알 수 있다. 마치 혼자 있는 데 대한 두려움이나, 고독에 대한 두려움으로도 나타난다. 수다와 호기심은 나태의 "딸"이다. 즉, 내면적인 불안, 초조, 하느님과 그분의 사랑에 대한 기쁨을 대신하는 대용품으로 새로운 것에 대한 지속적인 추구, 그리고 생활과 자신의 결심에서의 불안정과 같은 것이다. 여기에 덧붙인다면 신앙과 주님 현존을 나타내는 것에 대한 영적인 둔감, 그리고 소심함과 오늘날 교회 안에서 우리 가운데 가끔 발견되는 분개와 의도적인 악 등이다.

이러한 것들이 우리에게는 지속적인 유혹이고 나태라는 마귀의 유인이 아닌가? 바로 좌절과 공격이라고 앞에서 말했다. "속에 걱정이 있으면 뼈도 마른다"(잠언 17,22). 즉, 우리는 이러한 영적인 메마름에 위협받고 있지는 않은가? 교회에 대한 한탄과 분노의 많은 부분은 이러한 나태에서 오는 것이 아닌가? 나태는 영혼을 병적인 자기중심주의에 침몰시킴으로써 우리 삶을 위협한다. 나태는 기도의 삶을 메마르게 해서 영적인 삶의 공기를 빼앗아 간다.

이 절망의 구체적인 형식인 나태에 대항하여 옛 스승들은 특별한 치료법을 알고 있었다. 그것은 참고 견디기, 인내, *hypomonè* — 글자 그대로는 멍에, "아래에 머무름"이다. 참고 견딤은 이미 희망의 표현이다. 여러 가지 일탈과 도피 혹은 스스로를 얽어매는 굴레로부터 벗어나 문제를 해결하려는 것이 아니라, 가끔 그 문제 안으로 더 깊이 빠져들거나 오히려 기도 속에서 성실히 인내하며 하느님을 바라보며 "하느님을 고대함"을 통해 문제를 해결하려는 것이다. 이러한 나태의 유혹의 그림자 속에서 참고 견딤은 마치 자욱한 안개 속을 걸어다니는 것과 같아서, 모든 것이 명료하지 않고 길이 없으며 절망적으로 보이게 된다. 하지만 태양이 안개를 삼켜 갑자기 안개가 사라지면, 빛나는 광명이 비친다. 나태의 유혹은 이런 것이다. 나태는 갑자기 사라지고, 더 깊은 평화와 말할 수 없는 기쁨이 남는다. 희망이 승리한 것이다.

안토니오Antonius성인이 "안개가 사라지기"까지 어떻게 인내하며 참고 견디었는가를 보여 주는 일화가 있다. 안토니오 성인은 오랜 유혹의 시간 끝에 주님을 원망했다: "주님, 그 모든 유혹의 시간 동안 당신은 도대체 어디에 계셨습니까? 저의 아픔을 감싸주시기 위해서 왜 곧바로 나타나지 않으셨습니까?" 그러나 안토니오는 "안토니오, 나는 이미 거기 있었다. 하지만 나는 너의 투쟁을 보려고 기다렸다"(「안토니오의 생애」 10)라는 대답을 듣게 되었다.

오이겐 신부는 "희망은 영적 삶에서 앞으로 나아가게 하는 덕이며, 영적 삶을 움직이는 동력이고, 영적 삶을 들어올리는 날개"[50]라고 하였다. 나태가 항상 실망한 자기애와 함께 행동하고, 세상의 온갖 슬픔을 느끼는 "부자들"의 악습인 반면에, 희망은 "정신의 가난"과 함께 행동하는 것이다. 의심이 많은 이 세대에 희망을 주는 위대한 선생은 아기 예수의 성녀 데레사다. 그녀의 "자녀로서의 길"과 "작은 길"은, 희망의 덕이 어떻게 살 수 있는지를 구체적이고 활기 있는 방법으로 우리에게 보여 준다: "당신은 영혼들에게 어떤 길을 가라고 가르쳐 주시겠습니까?"라는 질문에 성녀 데레사는 주저함 없이 "영적인 자녀의 길, 신뢰와 철저한 자기위탁과 헌신"이라고 답한다(「마지막 남긴 말씀」 1897.7.17).

"작은 길"에 대한 아주 중요한 "요약" 하나를 들어 보자: "그토록 전능하시고 자비로우신 하느님의 사랑 안에서 너무 큰 기대를 가질 수 있는 사람은 아무도 없다. 우리가 그분께 바라는 만큼만 그분으로부터 받는다."

그러기에 희망은 하느님에 대해 큰 것을 생각하고, 그분께 큰 것을 기대하는 것이다. 여기에 대해 성녀 데레사는 그녀 자신의 가난에 대한 사랑을 전제로 한다: "예수께서 모든 것을 하시고, 나는 아무것도 하지 않는다"(「셀린느에게 쓴 편지」 1893.7.6). "설령 제가 성 바울로의 모든 업적을 다 완수했다고 하더라도, 그래도 저는 저 자신을 언제나 '쓸모없는 종'(루가. 17,10)으로 느낄 것 같습니다. 그러나 바로 그것이 나의 기쁨이며, 제가 아무것도 갖지 않을 때에 모든 것을 사랑의 하느님으로부터 받게 될 것이기 때문입니다"(「마지막 남긴 말씀」 1897.6.23). 이것이 성녀 데레사에게 결코 수동적인 것을 의미하는 것은 아니다. 성녀 데레사에게 가난은 모든 능력과 행위, 그리고 결정적인 노력을 선물로 받는 것을 의미한다. 이 가난은 성녀로 하여금 하느님과의 항구한 결합을 추구하게 하는 것이다. 성녀는 "사실상 한번도 저의 희망이 실망한 적이 없으니, 황송하게도 사랑하는 하느님은 제 수녀들의 영혼들을 먹여 주실 필요가 있을 때마다 저의 작은 손을 채워 주신 것입니다"(『자서전』 22)라고 한다. 가끔은 이렇게 분명하게 첫 번째 행복선언을 살게 된다: "마음이 가난한 사람은 행복하다. 하늘나라가 그들의 것이다"(마태 5,3).

끝으로 다시 한 번 요약한다면 "작은 길"은 "제가 저의 천박함과 저의 가난을 사랑하는 것, 저의 눈먼 희망을 그분의 자비에 두는 것, 그것을 하느님은 좋아하십니다. … 이것이 저의 유일한 보물입니다. 이 보물이 왜 당신의 보물일 수는 없는 것입니까?"(「마리에게 쓴 편지」 1896.9.17)를 의미한다.

넷째 묵상: 우애

공의회는 예수 그리스도의 교회를 "신앙과 희망과 사랑의 공동체"라고 말한다. "믿음과 희망과 사랑, 이 세 가지는 언제까지나 남아 있을 것입니다. 이 중에서 가장 위대한 것은 사랑입니다"(1고린 13.13). 사랑은 교회의 가장 내면적인 생명이니, 하느님은 사랑이시고 교회의 생명이시기 때문이다.

이 점에 대해 묵상할 것이 많다. 희망이란 주제에서는 아기 예수의 성녀 데레사가 우리들의 인솔자였는데, 영적인 훈련 4장의 이 마지막 묵상에서는 성 토마스를 "합창 지휘자"로 모셔도 될 것 같다. 그리고 여기서 나는 다시 성 토마스의 『신학대전』 본문을 인용해 우리 묵상의 주제로 삼으려 한다. 이 본문은 『신학대전』의 심장이자 건물을 지탱하는 종석宗石이라 할 수 있다. 그 속에서 교회가 직접적으로 이야기하지 않더라도, 교회의 가장 내면적인 삶의 원리이며, 거기로부터 교회의 모든 삶의 공적인 표명은 힘을 얻는다. 하지만 『신학대전』 2권 2부의 질문 23을 다루기 전에 우리의 묵상을 돕는 두 개의 인용구절을 제시하려 한다:

1. 주님께서는 당신의 수난 전날 밤에 당신 제자들에게 말씀하셨다: "이제 나는 너희를 종이라고 부르지 않고 벗이라고 부르겠다. 종은 주인이 하는 일을 모른다. 그러나 나는 너희에게 내 아버지에게서 들은 것을 모두 다 알려 주었다"(요한 15,15).

2. 아빌라의 성녀 데레사는 내적 기도에 대해 이렇게 정의했다:

"마음으로 하는 관상 기도란, 제 생각에, 우리를 사랑하시는 그 하느님과 자주 단둘이 지냄으로써 친밀한 우정의 관계를 맺는 것입니다".[51]

성 토마스는 사랑은 우정인가라고 질문하는데, 이는 그의 사랑의 향주덕에 관한 논문에서 첫째가는, 중요한 질문이다. 성 토마스의 순수한 언어는 우리를 속일 수 없다. 여기서 말하는 불타는 심장은 완전히 "객관적인" 심장으로서, 자신을 잊고 자기 명상의 유일한 "대상"을 바라보는, 홀로 하느님만을 그리고 모든 것의 시작이고 마침이신 하느님의 관점에서 다른 모든 것이다(『신학대전』 I, 1, 7 참조).

"모든 사랑이 우정은 아니다." 우애에는 서로 다른 두 가지 특징이 있다. benevolentia, 즉 타인을 위해서 좋은 것을 바라는 호의와 mutua amatio, 즉 사랑의 상관성이다. 모든 사랑이 다 이 표지를 갖고 있지는 않다. 우정은 어떤 확실한 평등을 전제로 하며, 상호 교환 없이는 존재하지 않는다. "친구는 친구에게 친구"다. 즉, 아리스토텔레스와 함께 성 토마스는 "그러한 상호적인 호의는 어떤 확실한 교류를 기반으로 이루어진다"(『신학대전』 II-II, 23, 1)[52]고 말한다.

하지만 하느님과 인간 사이에 사랑의 상관성이 과연 존재하는가? "무한한 것에서 유한한 것에는 아무 비례도 없다."[53] 끝없는 차이점 사이에 어떻게 우정이 있을 수 있겠는가? 이 질문은 『신학대전』 전체의 열쇠라 할 만한 중심축에 대한 질문이라고 생각한다. 성 토마스의 대답은 이렇다: "하느님께서 우리에게 당신의 지복을 알려 주시기 때문에, 하나의 확실한 전달인 하느님과 함께하는 인간의 친교가 있다. 이 친교를 바탕으로 우정을 다질 수 있다"(『신학대전』 II-II, 23, 1).[54]

인간에 대한 하느님의 실제적인 전달이 있다. 즉, 그분의 생명과 지복에로의 실제적인 참여가 그것이다. 하느님은 당신을 선물로 주셨고, 우리는 그 선물을 바탕으로 우정을 다질 수 있다.

우정을 맺음 — 이것은 창조에서 시작하여 예수께서 당신 제자들에게 "나는 너희를 종이라고 부르지 않고 벗이라 부르겠다. 종은 주인이 하는 일을 모른다. 그러나 나는 너희에게 내 아버지에게서 들은 것을 모두 다 알려 주었다"(요한 15,15)라고 말하는 그 시각까지 하느님의 완전한 계획이 아닌가?

우리에게 우정은 가장 소중한 것을 함께하고 나누는 것이다. 예수께서 제자들을 더 이상 종이라 부르지 않는 이유는 "종은 주인이 하는 일을 모르기 때문이다". 그분은 그들을 친구라고 부르신다. 왜냐하면 그분께서 그들에게 당신 삶의 가장 내밀한 신비를 위탁하셨기 때문이다. 성령 안에서 성부께 대한 당신의 사랑이 그 신비다. 제자들은 이 신비에 참여하기 때문에 그분의 친구가 되는데, 그들은 지식으로써만이 아니라 그들의 삶으로 이 신비에 함께한다.

그리스도교적인 삶 안에서의 모든 성장과 교회의 모든 활동은 이 "우정을 맺음" 안에서 자신의 의미와 목표를 지닌다.

그러면 이 인간에 대한 하느님의 전달communicatio은 무엇인가? 다시 말해 하느님과의 우정을 가능하게 하는, 하느님의 지복에 참여한다는 것은 무엇인가? 그것은 성 토마스가 말하는 은총이다: "은총은 우리 안에서 천상 영광의 확실한 시작 외에 다름 아니다"(『신학대전』 II-II 24, 3, ad 2).[55] 은총은 우리가 지금 벌써 어떻게 하느님과의 행복한 삶의 공동체 안에 있을 수 있는가를 보여 주는 방식이고 방법이다. 성 바울로는 지치지 않고 은총의 영광(에페 1,7)을 찬미하고, 은총의 "넘쳐나는 부유함"에 대해서 이야기(에페 1,7)한다. 아우구스티노가 은총론의 박사로 칭송을 받듯이, 나의 수도회 사부인 성 도미니코는 은총론의 전파자로 칭송을 받는다. 아기 예수의 성녀 데레사는 그리스도교적 생활 전체를 "모든 것이 은총이다"라고 요약한다. 그러면 은총이란 무엇인가? 우리를 하느님의 친구가 되게 하는 인간에 대한 하느님의 전달은 무엇인가? 성 토마스는 놀라운 토론으로 이 질문에 접근한다. 문장의 대가인 페트루스 롬바르두스Lombardus는 "사랑은 영혼 안에 거하시는 성령 그분이시다"라고 말했다. 우리가 하느님을 사랑할 때, 성령 그분과 우리 사랑도 즉각 움직인다(『신학대전』 II-II, 23, 2).

성 토마스가 말하기를, 롬바르두스의 말은 아주 "경건하게" 들리지만, 만일 우리가 더 자세히 살펴본다면, 그 말이 사랑에 대한 손실이 될 수도 있다고 한다. 왜냐하면 그렇게 될 때, 우리 안에 있는 사랑은 하느님을 향한 우리의 사랑이 아닐 것이고, 우리는 능동적으로 스스로 사랑하는 사람이 아닌 수동적으로 움직이는 사람일 것이기 때문이다. 만일 우리가 스스로 자유로이 하느님을 사랑할 수 없다면, 어떤 우정도 생기지 않을 것이다. 진실로 하느님과의 우정이 있을 수 있도록 "우리의 의지는 성령에 의해 사랑을 향해 움직여야만 하고, 우리 의지 또한 그렇게 행해야 한다".

하지만 어떻게 우리의 인간적 의지나 능력이 실제로 하느님께 "도달하고" 그분을 만나는 행위를 할 수 있는가? 왜냐하면 우리의 모든 인간적인 행위는 그 행동에 걸맞은 능력에 의해서 유지되고 이루어진다. 하느님을 사랑할 수 있기 위해 — 믿음과 희망에 대해서도 마찬가지로 — 우리는 우리 고유의 "소질" 혹은 "능력"을 하느님에게서 받아야 하는데, 이러한 능력은 우리의 자연적인 능력을 벗어나는 것으로 우리를 사랑으로 이끌어, 주저함 없이 기쁨으로 사랑하도록 한다.

은총은 우리를 하느님의 친구가 되게 한다. 다른 의미로 은총은 하나의 기초를 만드는데, 그 기초를 바탕으로 하느님과 우정을 맺는 것이 가능해진다. 하느님은 우리에게 당신 지복과 당신 생명의 몫을 주시고, 이를 통해 우리가 실제로 "그분과 같은 사람", 그분의 친구가 될 수 있다.

지금까지 말한 것에 세 가지를 덧붙이고자 한다:

1. 모든 덕은 우리를 그 덕에 걸맞은 행동에로 이끌기에, 성 토마스는 덕의 표시로 어떤 확실한 기쁨과 편안함을 들었다. 그 어떤 덕도 사랑보다 더 진실하지 않다. "그 어떤 덕도 사랑만큼 활동하려고 하는 강한 애착을 갖고 있지 않고, 사랑 외의 그 어떤 덕에서도 그 활동은 그렇게 즐겁지 않다"(『신학대전』 II-II, 23, 2).[56] 사랑은 사랑하는 것을 사랑하는데, 사랑하는 것보다 더 많은 기쁨이 되는 것은 아무것도 없다. 사랑하는 것보다 사람에게 더 적합한 활동은 없으며, 하느님과의 우애보다 더 기쁘고 충만한 것은 아무것도 없다.

2. 성 토마스는 사랑은 모든 덕의 형상이며, 사랑은 우선 모든 덕들에게 영혼과 활기를 준다고 가르친다. 여기서 성 토마스는 사도와 다르게 말하지 않는다. 즉, 사랑 없이는 모든 덕이, 또한 저 영웅적인 덕들도 아무 의미가 없으며, 실제로 덕이 아닌 것이다. "… 사랑 없이는 …"(1고린 13,1 이하 참조).

그러므로 성 토마스는 영혼이 육체를 위한 삶의 원리인 것처럼, 사랑은 영혼을 위한 삶의 원리라고 말할 수 있다(『신학대전』 II, 23, 2, ad 2). 그러기에 사랑은 하느님으로부터 선사된 교회를 위한 삶의 원리다. 사랑은 교회의 모든 것을, 그리고 우리 스스로를 측정해 볼 수 있는 교회의 기준이다.

십자가의 성 요한은 "우리의 삶이 저물었을 때 우리는 사랑에 대하여 심판을 받을 것입니다"[57]라고 말하였다. 아기 예수의 성녀 데레사가 죽음의 고통 가운데서, 임종 직전에 고백한 말을 우리도 할 수 있었으면 한다 — "사랑에 저를 바친 것을 후회하지 않습니다"(「마지막 남긴 말씀」 1897.9.30).

3. 우애: 하느님께서 은총을 통해 가능하게 하시는 우정은 그분과의 그 어떤 확실한 "공동본성", 일종의 "친척 관계", 친밀감을 형성한다. 이 친밀감은 느끼거나 감지할 수 있는 형태가 아니라 하느님을 위한 열정으로 움직이고 살아가는 것이다. 하느님과의 우정은 깊어지면 깊어질수록 우리가 더 확실하게 하느님의 뜻 안에서 판단하고 행동하도록 한다. 하느님과의 우정은 진리와 선을 위한 저 거짓됨 없는 감각을 주며, 하느님 백성의 "초자연적인 신앙감"[58]을 형성한다. 성 토마스는 보편성에 대한 증거를 말한다. 그것은 올바른 판단과 예수께서 성부께 기도하신(마태 11.25.27) 복음의 작은 것에 대한 좋은 감각이다. 또 성 토마스는 성령의 충동은 믿음과 희망과 사랑 안에서 올바른 것을 정확하게 찾아내게 한다고 말한다. 하느님의 친구는 친구의 눈으로 모든 것을 보고, 이해하고 느끼며, 하느님의 마음으로 깨닫는다.

4. 하느님의 사랑이 우리를 당신 친구로 만든다면, 그것은 또한 우리 서로를 벗으로 만드는 것이다. 만일 예수께서 열두 제자를 "친구"라고 부른다면, 그것은 그들 서로간의 관계 안에서도 계속되는 것이다. 그리스도가 가장 귀한 것을 맡기신 그들 가운데 어떻게 우정의 영이 다스리지 않겠는가?

여러 면에서 정서적으로 불안한 사람들, 특히 신자들과 우리 사제들 가운데서도 더러 그런 고통을 겪고 있는 오늘날, 그리스도 안의 우정이라는 주제는 새로운 긴박성을 가진다. 그리스도와의 친교, 그분의 우정은 단지 인간을 하느님과 화해시킬 뿐만 아니라, 죄에서 자유롭게 하고 그 죄의 결과를 치유한다. 그분의 우정은 많은 인내를 통해서 서로간의 관계들도 치유한다. 여기서 우정은 필수적인 역할을 한다. 그러나 우정은 오늘날 일어날 수 있는 모든 그릇된 형태로 위협받고 있다. 즉, 피상적인 우정, 육감적인 우정, 성적인 우정, 정서적인 궁핍 등이다. 그럴수록 그리스도교적 우정의 아름다움과 치유의 힘을 더 명확하게 보여 주어야 한다.

우정은 부부간에도 자리한다. 이는 부부의 사랑이 싹트고 지속되는 데 우정적 사랑이 필요하기 때문이다. 또한 자발적이든지, 비자발적이든지 미혼자들의 생활에서도 우정은 치유와 마음을 여는 길이기도 하다. 한번은 마리탱Jacques Maritain이 그린Julien Green에게 아름다운 글을 써 보냈다: "하느님은 많은 사람들에게 왕국을 위해서 그들이 거세받은 사람이 되길 요구한다. 그러나 하느님은 그들의 심장을 절단하도록 요구하지는 않으신다."[59]

그리스도 안에서 우정을 가지기 위해서는 마음의 정화가 필요하다. 마음은 인애仁愛로 성숙되어야 하며, 자기를 위해 다른 사람을 지배하고 소유하고 싶어하는 탐애貪愛로부터 자유로워야 한다. 그리스도 안에서 이러한 사랑의 그릇됨 없는 표지는 우정을 전하고, 우정의 그물은 다른 사람에게 펼치는 사랑의 능력이다. 델브렐Madeleine Delbrêl은 베드로의 어망인 교회에 대해서 "그리스도 안에서 많은 우정으로 연결된 그물이 엄청나게 많은 고기를 잡기 위해 그리스도에 의해서 던져진다"라고 말했다.

죄악은 세상에 죽음의 맛을 가져다주었고, 교회는 세상에 삶의 맛을 되돌려 주었다. 성녀 카타리나는 "우리의 재질은 사랑이므로 사랑 없이 우리는 살 수가 없습니다"(「하느님의 섭리에 관한 대화」 51,10)라고 했다. 오늘날 생명을 계속 전해 주어야 할 갈망을 이 시대의 사람들에게 다시 일깨우는 사람들은 신앙을 가진 가족들과 부부들이다. 교회도 치열한 경쟁과 투쟁의 세상에 우정적 사랑(友愛)의 맛을 다시 일깨우도록 불림을 받았다. "부부의 사랑은 생명을 전해 주는 샘이다. 우정적 사랑은 '삶의 묘약'이다(집회 6,16). 즉, 우정적 사랑은 계속해서 살아갈 삶에 기쁨을 선물한다."[60]

"우리의 그리스도교적 생활, 우리 교회 공동체는 혼인과 우정의 사랑을 통해 세상 삶에 대한 맛의 씨앗과 동시에 우리의 삶이 파멸이 아니라, 하늘나라 혼인잔치의 끝없는 영광으로 나아간다는 희망에 대한 맛의 씨앗을 뿌린다."[61]

주

1 교회헌장 4항; 교리서 767항.
2 선교교령 4항; 교리서 767항.
3 교리서 767항.
4 교리서 687항.
5 교리서 684항.
6 교리서 426항.
7 교리서 683항.
8 교리서 702항.
9 교리서 702항.
10 교리서 111항.
11 교리서 702항.
12 교리서 703-720항 참조.
13 H. Rahner, "Flumina de ventre Christi. Die patristische Auslegung von Joh 7,37.38", *Symbole der Kirche* (Salzburg 1964) 177-235 참조.
14 교리서 686항.
15 생명을 주시는 주님 24항.
16 교리서 478항 참조.
17 교리서 749항.
18 교리서 797항.
19 교회헌장 8항; 교리서 771항.
20 교리서 812항.
21 교리서 797항.
22 교리서 798항.
23 zusammenfassend in: *Théologie de l'Eglise* (Paris 1958) 참조.
24 교리서 1812항.
25 교리서 1813항.
26 교리서 426항.
27 교리서 143항.
28 교리서 810항.
29 교리서 163항 참조.
30 Maria-Eugen Grialou, *Ich will Gott schauen* (Fribourg/Schweiz 1993) 568.
31 교리서 156항 참조.
32 교리서 153항.
33 교리서 157항.
34 교리서 164항.
35 교회헌장 58항; 교리서 165항.
36 구세주의 어머니 17항.

[37] 교리서 161항.
[38] 교리서 162항. [39] 교리서 166항.
[40] 교리서 168항. [41] 교리서 167항.
[42] *Auf Christus schauen. Einübung in Glaube, Hoffnung, Liebe* (Freiburg 1989) 68.
[43] 같은 책 69. [44] 같은 책 69.
[45] D. Panin, *Mémoires de Sologdin* (Paris 1973).
[46] 교리서 1817항.
[47] *Über die Hoffnung*, 31.
[48] G. Bunge, *Akedia. Die geistliche Lehre des EVAGRIOS PONTIKOS vom Überdruß* (Köln 1989) 38.
[49] 같은 책 45 참조.
[50] Je veux voir Dieu, V, 4A, 825.
[51] Vida 8,5; 교리서 2709항.
[52] "Talis mutua benevolentia fundatur super aliquam communicationem."
[53] Infiniti ad finitum nulla est proportio.
[54] "Cum ergo sit aliqua communicatio hominis ad Deum secundum quod nobis suam beatitudinem communicat, super hanc communicationem oportet aliquam amicitiam fundari."
[55] gratia nihil aliud est quam quaedam inchoatio gloriae in nobis.
[56] nulla virtus habet tantam inclinationem ad suum actum sicut caritas, nec aliqua ita delectabiliter operatur.
[57] 교리서 1022항.
[58] 교회헌장 13항 참조.
[59] Julien Green et Jacques Maritain, *Une grande amitié: Correspondance 1926~1972* (Paris 1982) 79.
[60] J. M. Garrigues, *Ce Dieu qui passe par les hommes*, t. I (Paris 1992) 55.
[61] 같은 책 56.

제 5 장
세말에 영광스러이 완성될 교회

첫째 묵상: 순례하는 교회

"교회는 그리스도께서 영광스럽게 다시 오실 때 '비로소 천상 영광 안에서 완성될 것이다'[1]. 그 날까지 '교회는 세상의 박해를 견디고 하느님의 위로를 받으며 자신의 순례길을 걸어간다'(아우구스티노 『신국론』 18,51). 이 세상에서 교회는 자신이 주님에게서 멀리 떠나 귀양살이 중이라는 것을 알고, 하늘 나라의 완전한 도래와 '자기 임금님과 영광스럽게 결합되기를 바라고 갈망한다'[2]. 영광스러운 교회의 완성과, 그 완성을 통한 세상의 완성은 큰 시련 없이는 이루어지지 않을 것이다. 그 때 비로소 '의인 아벨부터 마지막 뽑힌 사람까지 아담 이래의 모든 의인이 보편교회 안에서 하느님 아버지 앞에 모이게 될 것이다'[3]."[4]

『가톨릭 교회 교리서』에 나오는 이 말들은 우리들의 영적 훈련 마지막 단계에서 묵상해야 할 주제임을 알려 준다. 즉,

(1) 교회는 아직 완성되지 않았고, 교회는 "주님에게서 멀리 떠나" 세상에서 순례하고 있다.

(2) 그렇다고 순례하는 교회에 "하느님의 위로"가 부족한 것은 아니다. 교회는 성인들의 친교 속에 살고 있다.

(3) 교회는 "큰 시련 없이" 완성에 도달할 수 없을 것이다. 큰 기념축제가 우리 눈앞에 다가올 때, 이 내용들이 주제로 다루어져야 한다.

(4) 교회는 교회의 주인이고 왕이며 신랑이신 그분과 결합되기를 갈망한다. 이것이 우리의 마지막 묵상 주제가 될 것이다.

교회에 관한 「교회헌장」 7장은 지금까지 별로 다루어지지 않은 부분에 속한다. 하지만 이 7장은 하느님의 백성에 관해 다룬 2장을 이

해하는 데 필요한 열쇠다. 혹시라도 이 순례의 목적을 잊어버린다면, 순례하는 하느님 백성의 모습은 사라져 버릴지도 모른다. 교회는 아직 목적지에 도달하지 않았고, 여전히 순례길에 있다. 그러나 교회는 자신의 목적을 알고 있을 뿐만 아니라, 그 목적에로 나아가고 있으며 그리스도를 갈망하고 있다.

내 어린 시절 — 적어도 내 기억에는 — 사람들이 즐겨 부르던 성가가 있었는데, 그 성가는 항상 내 마음 안에 특별한 정서를 느끼게 했다: "우리는 정처 없는 세상 나그네, 오만 가지 고통 안고 영원한 본향 향해 쉼 없이 순례하네." 성가의 1절이 이런 내용이었다. 이 성가는 더 이상 불리지 않고 있다. 그 이유는 이 가사가 세상으로부터 도피, 현실도피적인 표현이라는 것이다. 그래서 이제는 이 현세로 향하는 것이 필요하다는 그런 비난을 들어야만 했다. 너무 오랫동안 우리는 마르크스주의자들로부터 우리 그리스도인들은 죽음 이전에 불행과 싸우고 고통을 이겨내려는 대신 저 세상, 즉 죽음 후의 행복이 있다며, 내세의 삶으로 사람들을 위로해 왔다는 비난을 받아야만 했다. 바로 여기서 종교가 "민중의 아편"이라는 것이다.

지난 몇 년 사이에 독특한 현상이 일어났다. 즉, 그리스도인들에게서 하늘이 사라져 버렸다! 천국을 향한 열망에 대해, "천상 고향"에 대해 이제 더 이상 이야기하지 않는다. 이것은 마치 그리스도인들이 수백 년 동안 자기 여정의 방향을 가리켰던 방향감각을 잃어버린 것과 같다. 우리는 우리가 순례 중임을, 그리고 우리 순례의 목적지는 천상이라는 것을 잊어버렸다. 그 사실과 관련된 또 다른 손실, 즉 우리는 아주 험난한 순례길에 있으며, 또 우리는 목적지를 놓쳐 우리 삶의 목적지에 이르지 못할 수도 있다는 그런 의식을 상실하였다. 강조해서 말하면, 우리는 천국을 갈망하지 않으며 그곳에 이르게 되는 것을 당연하게 여긴다는 점이다.

이 진단이 너무 지나치고 과장되게 들릴 수 있다. 내가 염려하는 것은 그것이 정말로 사실이라는 것이다.

이와 반대로 교회의 부활 복음은 다르게 얘기한다: "이제 여러분은 그리스도와 함께 다시 살아났으니 천상의 것들을 추구하십시오. 거기에서 그리스도는 하느님의 오른편에 앉아 계십니다"(골로 3,1). "이 세상을 떠나서 그리스도와 함께 살고 싶습니다"(필립 1,23). 이 심오하고 절박한 갈망은 "죽음 후의 막연한 그 어떤 삶"에 대한 것이 아니라, 그리스도와 함께 있고 싶고, 그분과 함께 살고 싶고, "하느님 집에서 그분 곁에 있고" 싶은 것이다.

"그러므로 우리는 언제나 마음이 든든합니다. 그러나 육체에 머물러 있는 동안에는 우리가 주님에게서 멀리 떠나 있다는 것을 알고 있습니다. 사실 우리는 보이는 것으로 살아가지 않고 믿음으로 살아갑니다. 그러므로 우리는 마음이 든든하며 오히려 육체를 떠나서 주님과 함께 평안히 살기를 원합니다"(2고린 5,6-8).

집! 고향! 얼마나 많은 실향민들에게 그리움을 불러일으키는 말인가. 고향Heimat이라는 독일어 단어는 라틴어의 "고향, 태생지"patria, patrie에 담기지 않은 아주 강하고 특별한, 마음속 깊은 곳에서 우러나오는 어감이 서려 있다. 고향이라는 말에는 단순히 그 지방, 그 언어, 눈에 익은 그 장소만이 아니라, 그곳에 살고 있는 사람들에 대한 그리움이 있다. 비록 그곳이 그대로 남아 있다 해도, 낯익은 친구와, 이웃, 지인들이 살지 않는 다면 고향 역시 죽고 없는 것이다. 이 시대 얼마나 많은 예술가들이 고향의 상실에 대한 아픔을 주제로 삼았는가. 얼마나 많은 사람들이 타향살이의 눈물 젖은 빵을 먹었는가.

교회는 바로 고향에 대한 약속이다. 누가 교회를 발견했다면 그는 집으로 가는 길을 찾은 것이다. 바울로는 이 새로운 고향에 관해 말한다: "우리는 하늘의 시민입니다"(필립 3,20). 우리가 그곳에서 우리의 참 가족을 찾기에, 바로 그곳이 우리의 고향이다. 그래서 바울로는 에페소에 있는 교우들에게 이렇게 말한다: "이제 여러분은 외국인도 아니고 나그네도 아닙니다. 성도들과 같은 한 시민이며 하느님의 한 가족입니다"(에페 2,19). 그리고 우리는 한 어머니를 찾았다: "천상의 예루살렘은 … 우리 어머니입니다"(갈라 4,26). 고향, 이것은 또 하나의 있을 곳이 있다는 의미이다: "내 아버지의 집에는 있을 곳이 많다. 그리고 나는 너희가 있을 곳을 마련하러 간다. 가서 너희가 있을 곳을 마련하면 다시 와서 너희를 데려다가 내가 있는 곳에 같이 있게 하겠다"(요한 14,2-3).

따라서 교회는 하나의 "천상적 실재"다. 교회의 원천은 하느님의 생명, 거룩한 삼위일체의 일치에 있으므로, 발타사르의 말에 따르면 교회는 "무엇보다도 하늘로부터 시간 속으로 이루어진 실재"다.[5] 교회의 토대는 "천상"이다. 따라서 아우구스티노 성인은 말한다: "우리의 토대(즉, 그리스도)가 천상에 있다면, 우리는 천상을 향해 지어져야 한다. … 왜냐하면 우리는 영적으로 지어지기 때문이다. 우리의 토대는 천상에 놓여 있다. 우리가 지어지는 그곳으로 서둘러 가자"(『시편 상해』 CXXI, 4).

천상 고향을 열망하는 것은 현세의 책임으로부터 도피가 아니다. 그 반대다. 천상을 향한 희망, 그리스도와 "모든 천사와 성인들과 함께" 완전한 친교를 향한 이 희망은, 이 세상에서 그리스도교적인 사명(참여와 책임)을 다하기 위한 추진력인 것이다. 하느님 나라가 오기를 바라는 그리스도교의 희망에는 하느님께 바라는 두 가지 간청이 있다. 첫째는 영광 중에 당신 나라가 임하시기를, 혹은 『디다케』가 기도하듯이 "세상은 가고 은총이 오기를 간청하는 것이며"(『디다케』 10, 6), 둘째는 당신 나라가 여기서 이미 시작되기를 간청하는 것이다.

교회를 천상 고향으로 이해하는 이 시각의 결과는 아래와 같다. 더 심오한 논의는 뒤에 나오는 세 묵상에서 다룰 것이다.

1. 「교회헌장」 48항에 놀랄 만한 문장이 하나 있다: "정의가 깃드는 새 하늘과 새 땅이 이루어질 때까지(2베드 3,13 참조), 순례하는 교회는 자신의 성사들 안에서 그리고 이 시대에 딸린 제도 안에서 지나갈 이 현세의 모습을 지니고, 아직까지 신음하고 진통을 겪으며 하느님의 자녀들이 나타나기를 기다리는 피조물들 사이에서 살고 있다(로마 8,19-22 참조)."[6]

교회의 "순례복"은 이 세상에, 사라질 바로 이 현세의 모습에 속한다. 하늘에는 더 이상 혼인성사가 없는 것처럼(마태 22,30), 모든 성사적이고 제도적인 교회의 질서는 순례 여정의 시간에 속한다. 거룩한 삶에서 성사와 제도가 의미하고 초래하는 요소들은 남을 것이고, 반면 상징의 겉모습은 사라질 것이다.

교회가 자신의 영원한 고향에로 방향을 정하는 것에 관해 다루지 않거나 너무 소홀히 다룬다면, 오늘날 뚜렷이 드러나고 있듯이 이중의 위험이 존재한다.

a) "설립된" 교회의 측면이 과대평가되고 있고, 교회의 조직과 기구들이 너무 중요시되고 있다. 가끔 실용적이며 수평적인 교회에 대

한 이해가 놀라울 정도로 크게 확산되고 있다. 교회는 은총의 장소로 보여지지 않고, 너무나도 인간적인 소산으로만 보여진다. 그래서 교회를 향해 많은 비탄과 한숨, 격분, 분노, 실망이 쏟아진다. 우리의 길을 교회의 순례길로, 또 모든 피조물과 함께하는 "신음하고 진통을 겪는" 길로 본다면, 많은 것들을 더 가볍고 기쁘게 견디어 낼 것이다. 즉, 순례 여정의 귀결인 수고와 곤경으로 이겨낼 것이다. 우리가 지상 순례 여정에 있다는 사실에 관해 알고 있음은 교회가 여기 이 지상에서 이미 이상적이고 완성된 교회라는 환상에서 우리를 깨어나게 한다. 그 점에 관해서는 이 장의 셋째 묵상에서 더 다룰 것이다.

b) 오늘날 교회는 제도적인 것을 너무 강조하다 보니, 이미 천상 고향의 모든 보화들을 비록 "질그릇"(2코린 4,7) 속이기는 하지만, 자신 안에 담고 있는 교회의 성사적인 순례 모습을 간과할 수 있는 위험이 도사리고 있다.

> 우리가 이 현세에 속하는 것을 인정하듯이, 또 예수 그리스도께서도 지상에 계시는 동안 이 현세에 속하셨듯이, 지상의 교회도 의심의 여지 없이 이 세상의 눈에 보이는 실재다. 그러나 예수 그리스도에게서 그분의 신성이 이 지상에서 순례하는 동안 보이지 않았으나 믿음으로만 다가갈 수 있었던 것처럼, 교회도 마찬가지로, 교회가 가지고 있는 가장 중요한 것은 눈에 보이지 않은 채 남아 있을 것이다.[7]
>
> 교회는 역사 안에 있으나 동시에 역사를 초월한다. 우리는 오직 "신앙의 눈으로만"(『로마 교리서』 1,10,20) 교회의 가시적 실재와 동시에 하느님의 생명을 지닌 영적 실재를 볼 수 있다.[8]

교회를 "신앙의 눈으로" 봐야 하는 필요성을 가장 명백히 드러내는 예가 성사들이다. 아우구스티노 성인은 성사들의 겸손humilitas sacramentorum에 대해 이야기한다. 예컨대 그는 박식한 빅토리노Marius Victorinus가 사람들 앞에서 그리스도를 고백하는 것을 겁내어, 그리스도께서 천사들 앞에서 자신을 부인할 수 있다는 두려움이 자신이 세례를 받음으로써 당시의 유명인사들로부터 웃음거리가 될 수 있다는 두려움보다 더 커질 때까지 영적으로 투쟁한 내용을 기술한다. 이렇게 빅토리노는 "당신 말씀의 겸손의 성사"에 대한 수치심을 이겨냈다(『고백록』 8,2,4). 그리고 아우구스티노 성인은 자신과 아데오다토Adeodatus와 함께 세례를 받을 준비가 되어 있던 그의 친구인 알리피오Alypius에 관해 멋진 표현을 쓴다: "그는 이미 당신의 성사에 합당한 겸손을 확보하고 있었다"induto humilitate sacramentis tuis congrua(『고백록』 9,6,14).

성사 안에서 그리스도 은총의 겸손한 모습을 받아들이지 않으려는 교만은 마치 빅토리노의 경우처럼, 지적인 교만뿐만 아니라 사람들 앞에서의 두려움 같은 여러 가지 형태를 나타낼 수 있다. 오늘날 신앙을 그대로 받아들이기보다는 체험과 경험을 찾으려는 유혹이 더 크다. "어떤 대가를 치르더라도 직접 체험하려는 사람은 하느님보다는 자신을 더 생각하게 된다. 믿고 사랑하면서 교회의 말과 일에 몰두하는 사람은 — 예를 들어 성찬기도문에서 정말로 얘기하고자 하는 그 속으로 — 하느님에게로 향하게 되고 특별히 자신이 애쓰는 것 없이 그분을 알게 된다."[9]

또한 성사들의 겸손을 피하려는 더 교묘한 유혹이 있다. 이것은 교회의 성사와 조직을 통한 교회의 외적인 모습이 "사람들을 확신시키고", 그 외적인 모습으로 보여지는 강함과 능력, 아름다움과 찬란한 역사를 통해 깊은 인상을 주려 하는 것이다. 그래서 교회는 매력적이고 승리하는 교회, 인정받는 교회여야 한다는 것이다. 이 유혹은 "미디어 사회" 안에서 강박관념으로 커 갈 수 있다. 그러면 세간의, 여론의 인정이 기준이 되어 버린다.

"사실, 교회 제도들의 본래 의미가 감추어진 거룩한 삶을 가능하게 하는 것이라면, 제도들로부터 특별히 매력적이고 호교론적인 작용이 교회로부터 나올 것이라고는 결코 기대할 수 없다. 교회의 제도들로 인해 사람들이 교회로 개종하는 것이 아니다. 왜냐하면 제도들은 단지 어떤 보이지 않는 중요한 것, 그 속에 감추어져 작용하는 하느님의 구원을 위한 표징이고 보호수단이기 때문이다."[10]

그리고 여기 또 놀라운 사실을 보여 준다. 마치 뭔가에 홀린 것처럼 교회 제도들의 성공을 바라보지 않고, 그 속에 감추어진 보이지 않는 구원을 찾는 사람은 항상 교회의 "모든 영광은 내적으로부터 온다"omnis gloria eius ab intus는 말의 어떤 것들이 교회의 외형적인 기구들 속에서도 밝게 빛나는 것을 보게 될 것이다.

만일 교회 제도 안에서 성공을 찾는 이는 쉽게 실망하고 씁쓸함을 느끼게 될 것이다. 그것은 마치 열매의 내용물을 보호하고자 담고 있는 껍질에서 열매의 내용물을 얻기를 기대하는 것이고, 단단한 껍질을 열매의 내용물과 혼동하는 것과 같기 때문이다. 다른 한편으로 우리가 만일 제도를 열매의 내용물을 보호하는 데 꼭 필요한 껍질로 인정한다면, 우리 교회의 일상의 수고를 견디어 내고 참는 데 도움을 줄 것이다. 순례하는 모습을 위한 교회의 이 겸손한 봉사는, 봉사에 믿음과 희망과 사랑이 가득할 때 — 특히 여기 바티칸에서 얼마나 많은 이들이 매년 주의를 끌지도 못하고 빛남도 없이 충실히 이런 봉사를 하는가! — 비로소 내적으로부터 빛나기 시작할 것이다. 아기 예수의 성녀 데레사의 "작은 길"이 우리 교회 조직들의 일상을 빛나게 할 수 있다. 그렇게 되면 교회 개혁, 즉 순례 여정에 있는 교회를 혼자 힘으로도 젊게 하는 쇄신이 이루어질 것이다. 여기에 대해 이레네오 성인은 말한다: "하느님의 성령의 작용으로, 훌륭한 그릇에 담긴 값진 유산과 같은 이 신앙은 끊임없이 스스로 젊어질뿐더러, 그것을 담은 그릇 자체도 젊게 하기 때문입니다."[11]

둘째 묵상: 성인들의 통공

니체타스Nicetas von Remesiana는 "교회는 모든 성인의 모임과 무엇이 다른가?"라고 말한다. 그리고 그는 우리가 지금까지 해온 피정의 요약 같은 이 증언을 어느 정도 설명해 준다:

> 세상이 시작된 이후로 신앙의 선조들 …, 예언자들, 순교자들, 그리고 모든 의인은 … 하나의 유일한 교회를 형성하고 있다. 그들은 하나이며 같은 신앙을 통하여 그리고 하나이며 같은 삶에 의해 거룩하게 되었고, 하나이며 같은 영의 상징으로 표현되고, 하나이며 유일한 몸을 형성하기 때문이다. 그리스도께서 성서에 쓰여 있는 것처럼, 이 몸의 머리로 표현된다. 여기서 그치지 않고, 천상적 권능과 권세 그리고 천사들도 이 유일한 교회의 일원이다. … 그러므로 너는 하나인 교회 안에서 성인들의 공동체에 도달해야 하기에 믿어야 한다. 또한 알아야 한다. 이 가톨릭 교회는 이 세상 모두에 세워진 단 하나의 교회이며, 너는 확고하게 교회와 일치하도록 결합되어야 한다(「신경 해설」 10; PL 52, 871).

이 마지막 장의 둘째 묵상 주제는 성인들의 통공이다. 성인들의 통공은 교회의 이름들 중 하나다. 성인들의 통공은 우리가 이 책에서 교회의 생명의 신비로 묵상하는 "그리스도와의 친교"를 표현한다.[12]

"모든 성인의 통공"이라는 말은 다음과 같이 서로 밀접하게 연결된 두 가지 의미를 지니게 된다. 곧 "거룩한 것들sancta의 공유"와 "거룩한 사람들sancti 사이의 친교"가 그것이다.[13]

"두 가지 의미는 동방 교회 전례에서 주례자가 영성체 전에 성체를 들어 올리며 하는 선포에 있다: "거룩한 것들은 거룩한 사람들에게"Ta hagia tois hagios; Sancta sanctis! "신자들sancti은 그리스도의 몸과 피sancta로 양육되어 성령과 친교koinonia; communio를 이루며 성장하고 이를 세상에 더욱 널리 전하게 된다."[14]

둘째 의미부터 시작하자. "성인들의 통공"에 관해 언급할 때,[15] 오늘날 대부분 이 둘째 의미를 떠올리게 된다. "성인들의 통공"은 무엇보다도 먼저 그리스도께 속하는 모든 것에, 당신 몸의 모든 지체에 생명의 공동체가 존재한다는 것을 뜻한다.

"주님께서 당신 위엄을 갖추시고 모든 천사를 거느리고 오실 때까지(마태 25,31 참조), 또 죽음을 물리치시고 모든 것을 당신께 굴복시키실 때까지(1고린 15,26-27 참조), 주님의 제자들 가운데에서 어떤 이는 이 삶을 마치고 정화를 받으며, 또 어떤 이는 '바로 삼위이시며 한 분이신 하느님을 계시는 그대로 분명하게' 뵈옵는 영광을 누리고 있다"[16]라고 공의회는 말한다.

교회는 죽음의 문턱에서 중단되는 것이 아니다. 교회는 그리스도 안에 살아 있는 모든 이들의 친교다. 오늘날에는 지상 교회가 천상 교회와 일치한다는 의식이 너무 약해져 가고 있다. 그러나 이 점은 교회의 본질적인 차원에 속한다. 우리가 그리스도 안에서 죽은 이들과의 친교 안에서 완전한 의식을 가지고 산다면, 우리의 교회에 대한 의식은 지금 여기 살고 있는 이들에게 한정되어 있는 것보다 완전히 다른 차원과 신뢰를 갖게 된다. "우리 모두가 교회다." 이 말은 오스트리아의 교회쇄신운동을 위한 표어다. 그렇다. "우리 모두"라는 말은 죽음의 경계에서 이 세상과 저 세상 모두에서 그리스도께 속하는 모든 이들을 실제로 포함한다는 사실이다. 만일 우리라는 표현이 지금 이 순간 여기 눈앞에 모인 보이는 사람으로만 제한된다면, 그것은 엄청나게 교회를 무기력하게 하고 훼손시키는 것이다. 우리 모두가 성인들의 통공 안에서 시공을 넘어, 서로 손을 맞잡고 서로를 위해 함께 존재할 수 있는 것이, 대조적으로 교회의 영광과 무한한 생동감을 말하는 것이 아닌가? 우리보다 먼저 살았고 믿었던 이들이 결코 오늘날 살아 있는 우리보다 부족한 교회는 아니었다. 그들과 함께하는 친교를 실제로 충분하게 보여 줄 수는 없다. 여기에 대해 공의회는 다음과 같이 말한다:

> 그리스도께 딸린 모든 사람은 그분의 성령을 모시고 하나인 교회로 뭉쳐서 그리스도 안에서 서로 결합되어 있기 때문이다. 그러므로 그리스도의 평화 속에 잠든 형제들과 나그네들의 결합은 조금도 중단되지 않으며, 더욱이 교회의 변함없는 신앙에 따르면, 영신적 선익의 교류로 더욱 튼튼해진다. 천상에 있는 사람들이 그리스도와 더 친밀

하게 결합되어 있기 때문에 그들은 온 교회를 성덕으로 더욱더 튼튼하게 강화하고, 교회가 이 지상에서 하느님께 드리는 예배를 존귀하게 만들며 교회의 더욱더 광범위한 건설에 여러 가지로 이바지하고 있다. … 따라서 그들의 형제적 배려로 우리의 연약함이 많은 도움을 받는다.[17]

물론 여기서 말한 것들은 실제로 충분히 받아들일 수는 없다. 그리스도 안에 죽은 이들, 천상의 성인들은 지상에 있을 때보다 그리스도와 훨씬 더 밀접하게 결합되어 있다. 어떻게 그들이 전 존재를 예수님 안에서 우리를 위한 존재로 받아들이지 않을 수 있겠는가? 하늘에서 오는 도움 — 공의회는 "넘치는 도움"이라 말한다 — 은 보이지 않지만 마치 힘찬 삶의 동력과 같은 것이다. 아기 예수의 성녀 데레사는 이 점에 대해 잘 알고 있었고 대담하게 말한다: "만일 하느님께서 내 원의를 들으신다면, 나의 천국 세상 끝 날까지 이 세상에서 이루어질 것입니다. 그래요, 나는 내 천국을 지상에서 선행을 하는 것으로 보내고 싶습니다"(「마지막 남긴 말씀」 7.17).

"성녀의 생의 마지막 순간에 사람들이 묻는다: '당신은 하늘에서 우리를 내려다 보시겠지요, 그렇지요?' 성녀는 바로 이렇게 대답한다: '아니요, 나는 하늘에서 내려올 것입니다'"(「마지막 남긴 말씀」 9.1).

여기서 성녀 데레사가 자연스럽게 말하는 것은 "천사가 사도에게 마치 하느님으로부터 나와 하늘에서 내려오고, 하느님의 영광에 싸여 있는"(묵시 21,10-11) "거룩한 도성 예루살렘"을 보여 준 파트모스 섬의 환시와 일치한다.

성녀 데레사가 자신에 대해 말하는 것은 전 천상 교회에도 해당된다. 즉, 천상 교회는 그리스도와 완전히 일치되어 있으며, 또한 온전히 그분과 함께 우리에게 오는 교회다. 묵시록은 그분을 "오실 분"(묵시 1,4)이라 부른다. 그래서 천국도 그분과 함께 지상으로 온다.

성녀 데레사는 또 대담하게 말했다: "하느님은 천국에서 내 원의를 이루어 주셔야 합니다. 나는 지상에서 결코 내 뜻대로 행동하지 않았기 때문이지요"(「마지막 남긴 말씀」 13.7.2). 지상에서 그분의 뜻만 실행한 마리아는 "바로 그때문에 천상에서 가장 활동적인 분이다".[18]

성인들의 통공, 이 말은 하늘과 땅이 가깝다는 것을 의미하는데, "나는 항상 여러분 곁에 있습니다"라는 예수님의 말씀은 예수께서 아버지께로 데리고 가신 모든 사람들을 포함하고 있음을 의미한다: "저와, 하느님이 제게 주신 자녀들이 여기 있나이다"(히브 2,13). 예수님은 당신과 함께 있는 모든 이들과 함께 항상 우리 곁에 계시다.

천상에 계신 성인들께서 가까이서 도와주심이 교회에는 과연 어떻게 작용할까? 교회가 지속적으로 발전해야 하는가? 교회는 날로 늘어나는 성인들의 무리로부터 힘을 얻어 항상 더 큰 승리를 이루어야 하지 않는가? 교회는 이런 엄청난 위로부터의 "보호와 배려" 아래서 분명하고 눈에 띄게 성장해야 하지 않는가? 성인들의 통공이 무기력한 것으로나, 경건한 속임수로 증명되지는 않는가?

반대 질문, 즉 우리는 이미 돌아가신 분들과 우리를 위해 충만한 사랑과 배려를 하는 우리 형제자매들과 하늘의 성인들에게 무엇을 바라는가? 그들의 도움으로 모든 방해물들을 제거하고, 교회가 어디에서나 화려한 인정을 받아 누리기를 바라는가? 오늘날 우리는 자주 교회의 고유한 삶보다 더 많은 것을 교회에게 기대하고 있지는 않은가? 교회가 실망시킬 수밖에 없는 것,[19] 예를 들어 교회가 환경보호에서부터 인간관계, 그리고 사람들의 평판까지 모든 것을 다 해결해 줄 수 있는 "이상적인 세상"을 제공하리라는 것을 기대하고 있는 동안, 교회가 실제로 중재해야 하는 것은 하느님의 자녀됨, 은총, 그리스도와의 삶의 일치 같은 것인데, 바로 이런 것들이 오히려 교회 내부에서부터 흥미 없는 것으로, 또는 중요하지 않는 것으로 간과되고 있지는 않은가?

교회의 조직과 성사 안에서 교회는 이 세상 시간에 속해 있고 세상의 시간으로 탄식과 고통을 겪기에 교회는 항상 교회에 대한 순전히 인간적인 기대 때문에 새로운 실의를 맛본다. 그래서 사람들은 분노하고 격분하고 심지어는 교회를 등지기도 한다. 사람들이 기대했던 그런 "이상 사회"가 아니기 때문이다. 교회의 귀중한 보물인 성인들의 통공을 더 이상 귀중히 여기지 않고, 많이 선포하지 않기에 부유한 나라들에서 많은 배교자들이 생기는 것은 아닌가?

하늘에서 우리에게 선사되는 성장과 도움은 천상적 선 안에서의 일치를 통해 실현된다. 그리스도 안에서 성인들의 일치는 거룩한 제물, 즉 그리스도의 몸과 피 안에서의 일치를 통해 성장한다. 이런 것이 그리스도께서 제물이자 봉헌자인 성찬의 전례보다 더 분명하게 드러나는 것은 없다: "그리스도의 몸과 피를 나누어 받는다는 것은 다름이 아니라 바로 우리가 받아 모시는 그것으로 우리가 변화되는 것이다."[20]

성찬 전례에서 하늘과 땅 그리고 천상 교회와 순례하는 교회가 모인다. 우리가 실제로 모든 천사와 성인들과 함께 성찬례를 거행한다는 것이 자주, 분명하게 그리고 충분하게 선포되는가? "그들의 함께

함이 없이는 세상에서는 어떤 성찬례도 거행되어지지 않는다."²¹ 즉, 『로마 미사 경본』 감사기도 제1양식 "고유 성인 기도"에서 또한 "죄 많은 주님의 종 우리들도"에서 우리는 먼저 "우리 주 천주 예수 그리스도의 어머니이시며 영광스러운 평생 동정이신 마리아를 비롯하여" 성 요셉과 사도들과 순교자들과 모든 성인들과 결합된다. 그분들과의 일치 속에 우리는 성찬을 거행한다. 특별히 이 성인들의 통공은 일치청원기도 속에 아주 인상적으로 표현된다. 즉, "거룩한 천사의 손으로 이 제물이 존엄한 천상 제단에 오르게 하소서. 그리하여 이 제단에서 성자의 거룩한 몸과 피를 받아 모실 때마다 하늘의 온갖 은총과 축복을 가득히 내려주소서"(감사기도 제1양식).

여기서도 다시금 모든 것을 글자 그대로 이해해야 한다. 지상적이며 천상적인 하나의 제단으로부터, 그리스도의 몸과 피인 하나의 선물을 받아 모실 때, 우리는 모든 천상의 축복과 은총을 받게 된다.

성인들의 통공은 그리스도처럼 그리고 그분과 함께 서로서로를 위해 주는 모든 이들의 일치다. 따라서 성인들의 통공인 교회는 다른 여러 단체 중 하나의 어떤 특별한 단체가 아니라, 오히려 이 교회는 인류의 중심이며, "세상의 심장"이다. 여기에서도 다시금 우리가 「미사통상문」에서 기도하는 내용을 실제로 이해해야 하는 것이 해당된다: "'그리스도께서 우리의 과월절 양으로서 희생되신'(1고린 5,7) 십자가의 희생 제사가 제단에서 거행될 때마다 우리의 구원 활동이 이루어지고 있다."²²

간결하며 소박한 성찬례의 형식에서 "우리의 구원 활동이 이루어지고 있다". "이 화해의 제물이 온 세상의 평화와 구원에 이바지하게 하소서"(감사기도 제3양식).

우리는 천상에서만 우리의 구원이 성인들의 통공 덕분임을 알게 될 것이다. 아기 예수의 성녀 데레사는 분명히 말한다: "천상에서는 그 누구도 무관심한 시선을 만나지 않을 것입니다. 모든 뽑힌 이들은 자신들에게 생명의 월계관을 가져다준 은총의 선물이 서로의 덕분임을 알게 될 것이기 때문입니다"(「마지막 남긴 말씀」 15.7.5).

성인들의 통공은 "서로를 위하는 이들의 무한한 일치다".[23] 바로 그 안에 "온 세상의 구원"을 위한 측량할 수 없는 효과가 놓여 있다. "다른 이를 위한 존재", 이것은 그리스도로부터 오는 성인들의 통공의 삶의 원칙이다. 그분은 죽은 이들과 함께하는 일치 안에서 특별한 방법으로 당신의 효력을 보여 준다: "교회는 죽은 이들을 위하여 대리 기도를 바쳤다. 그들을 위한 우리의 기도는 그들을 도울 뿐 아니라 우리를 위한 그들의 전구를 효과 있게 할 수 있다."[24]

"우리가 사랑으로 한 가장 작은 행위라도 모든 성인의 통공을 바탕으로 모든 산 이와 죽은 이의 연대 안에서 모든 이의 유익이 되도록 퍼져 나간다. 모든 죄는 이러한 친교에 해를 끼친다."[25]

성인들의 통공은 또한 우리 모두가 서로서로에게, 다른 사람에게 책임이 있음을 뜻한다. 그 누구도 혼자가 아니다: "우리들 가운데는 자기 자신을 위해서 사는 사람도 없고 자기 자신을 위해서 죽는 사람도 없습니다"(로마 14,7). 성인들의 통공은 "바벨탑 사건으로 인한 흩어짐에 대응하는 것이고 해독제"[26]라고 블로이Léon Bloy는 말한다. 다시 한 번 성녀 데레사는 "영혼을 구원한 이들을 그 영혼이 알아보게 되면 하늘에는 무슨 일이 벌어질까요?"(「마지막 남긴 말씀」 23.8.6)라고 말한다.

셋째 묵상: 제삼천년기

"세상 끝 날에 교회는 영광 안에서 완성될 것이다." 그러므로 교회는 아직 완성되지 않았고, 장차 완성될 것이다. 영광 중에! 이 말은 아직 영광스럽게 완성되지 않았다는 것을 뜻한다. 어떤 면에서 교회는 완성되었지만, 아직 영광스럽게 완성된 것은 아니다. 그러면 과연 교회가 어느 정도로 완성되었으며, 교회가 영광 안에 완성되기 위해서는 무엇이 부족한가? 그리고 어떻게 완성될 것인가? 여러분의 스승 주님은 고난과 십자가를 통해서 완성되었다. 그 완성은 언제 나타날 것인가? "종말에!" 교회는 2000년이란 세월을 기다려 왔고, 주님께서는 천년이 마치 하루 같다 해도(2베드 3,8 참조), 우리가 그렇게도 오랫동안, 너무나 오랫동안 기다려 온 그 완성을 아직도 기다려야 하는가 묻지 않을 수 없다. 이렇게 말할 수밖에 없는 이유는 주님께서 당신 오심이 "곧" 임박하였다고, 또 예언자적 말씀들이 이 사실을 증명하였던 많은 말씀 속에 희망을 주셨기 때문이다(참조: 마르 9,1; 묵시 22,20).

예수님 강생 2000년대가 끝나가는 이 때에 다음 물음은 절실하다: 교회는 지금 어디쯤 와 있는가? 밤이 깊었는가? 날이 밝았는가?

전체로서의 교회가 살고 고통받는 것은 역시 각 개인의 삶에도 반영된다. 우리 모두는 자문해 보아야 한다: 언제 이 세상에서의 순례 여정이 끝날지, 그리고 개인적인 신앙의 길은 어떤 상태에 있는지. "밤이 거의 새어 낮이 가까왔습니다"(로마 13,12). 그렇다면 우리들의 밤은 얼마만큼 지나갔는가?

이렇게 우리 묵상 중 앞의 두 묵상은 대희년을 앞둔 특별한 관점에서 교회와 우리 자신들의 "마지막 것들"에 관해 다루었다. "주님께서는 당신 성령을 통하여 '시간의 표징'을 깨닫게 하소서!"

"이미 세기들의 종말이 우리에게 다가왔으며(1고린 10,11 참조), 세상의 쇄신도 되돌이킬 수 없이 결정되어 이 현세에서 어느 모로 미리 이루어지고 있다. 교회가 이미 지상에서 참된 성덕으로 불완전하게나마 드러나고 있기 때문이다."[27]

새로운 시대는 그리스도 강생 이후 시간 이외의 다른 것이 아니다. 성금요일의 "이제 다 이루었다"(요한 19,30) 이래로, 부활 아침 이래로, 성령강림일 이래로 "세상의 쇄신은 되돌이킬 수 없이 결정되었다". 제2차 바티칸 공의회와 연관된 교회 안에서의 새로운 성령강림에 대한 희망 역시 다른 시대에 중점을 두는 것이 아니라, 오히려 "인류 역사 전체의 관건과 중심과 목적을 자신의 스승이신 주님 안에서 찾을 수 있다고 믿는다"[28]라고 교회가 공의회 때 고백한 대로 그리스도를 더욱 깊이 알고 그분의 사랑을 받는 데 이 희망을 두는 것이다.

교회에 해당되는 것은 각자에게도 해당된다: "우리는 하느님의 자녀라고 불리게 되었습니다. 우리는 과연 하느님의 자녀입니다"(1요한 3,1). "여러분은 그리스도와 함께 살아났습니다"(골로 3,1). 그런데도 "우리가 장차 어떻게 될지는 분명하지 않습니다"(1요한 3,2). 이 일이 언제 확실하게 될 것인가? 언제 완성이 완전히 도래할 것인가? 우리는 교회의 삶 안에서 하나의 새로운 시대의 물결, 성령의 새로운 충만 앞에 직면해 있는 것이 아닌가?

신앙의 "황금기"를 꿈꾸는 유혹은 모든 세기를 통하여 교회와 동행해 왔다. 2000년을 눈앞에 두고 찬란히 빛나는 시간, 적대자들을 물리치는 시간, 신앙이 승리하는 시간과 같은 새로운 신앙의 시대를 희망하는 것은 유혹적이다. 이러한 희망은 동구에서 박해받는 그리스도인들을 바라보는 서구의 시각에서 종종 습관화되어 왔다. 서구에서 세속화가 교회를 비워 가는 동안에 사람들은 동구 교회로부터 왕성한 신앙의 새로운 돌파구를 기대했다. 서방으로부터의 향락, 동방으로부터의 빛! 우리는 동구 교회의 길이 공산 치하에서보다 달라지기는 했지만 덜 험난해진 것이 아니라는 것을 인정해야만 한다.

공산주의가 남긴 파괴는 너무나 깊다. 제3세계에서도 역시 교회를 위한 "새로운 시대"가 보이지 않는다. 아시아에서는 여전히 광범위하게 그리스도교적인 신앙이 거부되는 분위기이고, 라틴아메리카에서는 교회가 신흥종교라는 깊은 시련의 길을 통과하고 있다. 교회에 대한 압력이 천년기 말보다 커지는 것처럼 보인다. 교회의 이런 상황은 우리들 각자의 삶, 우리들의 개인적인 신앙의 길을 반영하고 있지 않은가? 신앙의 큰 돌파구를 향한 "성공한 그리스도교적인 실존"을 향한 큰 희망은 채워졌는가? 나날이 자신의 부족함과 악의 세력에 대항하여 충실히 싸워야 하는 운명은 여전히 남아 있지 않은가?

이러한 엄연한 확증들은 염세주의와는 아무런 관련이 없다. 그것들은 다만 "교회의 시대" 안에서 교회와 각 신자들의 상황이 어떻다는 것을 지시해 줄 뿐이다: "교회는 세상의 박해를 견디고 하느님의 위로를 받으며 자신의 순례길을 걸어간다"[29]는 아우구스티노 성인의 말은 성령강림과 종말 사이의 교회의 모든 시대에 유효했고 또 유효할 것이다. 하느님의 위안이 없다거나 세상의 압박이 없던 적은 한 번도 없을 것이다.

공의회 이후 세상을 "눈물의 골짜기"라고 말하는 것을 경멸하던 때가 있었다. 그럼에도 눈물의 골짜기에서 탄식과 눈물로 우리의 보호자이시며 희망이신 마리아께 호소하고, 그분의 보호에 우리를 맡긴다는 것은 얼마나 큰 위안인가! "당신 보호하심에 우리를 맡기나이다!"

교회의 길은 항상 하나의 순례의 길이 될 것이다. 우리는 우리가 "여기 지상에서" 나그네요 시민권이 없는 떠돌이임을 잊어서는 안 된다(1베드 2,11 참조). 우리가 "정착했다"는 이유로 이 사실을 잊거나 받아들이지 않는다면 "세상"은 다시 우리를 박해하거나 "이방인" 취급을 함으로써 우리들을 일깨울 것이다.

"본당"Pfarrei, parochia은 *paroikoi*의 공동체, 정주권이 없는 이방인들의 공동체를 의미한다. 그러므로 교회는 결코 한 백성, 한 가문, 한 나라와 동일시될 수가 없다. 디오그네토Diognetus의 편지(6장)에서 "각 고향은 그들(그리스도인)에게 타향이요, 각 타향은 고향이다"라고 말한다. 이 이방인과 순례자는 박해를 통해서만 부과되는 것이 아니다. 그것은 가끔 "자기 나라에 오셨지만 백성들은 그분을 맞아주지 않았던"(요한 1,11), 그분 그리스도를 따름 안에서의 의식적인 선택이기도 하다: "여우도 굴이 있고 하늘의 새들도 보금자리가 있지만 사람의 아들은 머리 둘 곳조차 없다"(마태 8,20). 하늘에서 살고 땅 위에서는 순례하기 위하여 가난한 그리스도를 따르기 위해 가난해지는 것, 바로 이것이 그리스도인의 조건이다. 오늘날에는 다음과 같은 성서 말씀들을 흘려듣게 된다: "여러분은 세상이나 세상에 속한 것들을 사랑하지 마십시오! … 세상도 가고 세상의 정욕도 … 지나가 버립니다"(1요한 2,15.17). 이러한 말씀은 너무 쉽게 "세상으로부터의 도피"처럼 여겨진다. 이러한 말씀이 현재의 우리들에게는 부족하다.

영원한 고향을 간절히 열망했고, 세상의 도피를 말했던 사람들이 대문명가요 대문화인이었고, 모든 진선미의 수집가요 중개자들이었다. 새로운 인간과 이 지상에 천국을 건설하려고 했던 이상들이 주변에 파괴와 황폐를 남겨 놓은 반면, 당연히 장차 도래할 새로운 세상에서야 완성될 새로운 인간상을 꿈꾸었던 수도생활은 주변을 황폐화시키거나 파괴한 것이 아니라, 보호하고 계발하고 건설했다. 그리스도교의 위대한 문화 업적들이 "삶의 한가운데 우리의 죽음이 있다"를 노래하고 "귀양살이 후에" 하늘나라의 영광을 보는 것을 그리워하는 바로 이 사람들에 의해서 완성되었다는 사실, 이 얼마나 독특하고도 놀라운 사실인가?

돔 건축가들은 건축물의 완성을 보지 못하리라는 걸 알고 있었다. 이렇게 자신이 순례자임을 인식한 그들이 어떠한 인내로 그 작업을 해 나갈 수 있었을까? 혹시 이것이 대답이 될 수 있을까: 자신이 순례자임을 아는 사람들은 이 눈물의 골짜기에서 모든 것을 소유하거나 즐기려고 원하지도, 또 필요로 하지도 않았을 것이라고. 그들은 자신을 선조들과 후손들로 구성된 기다란 사슬의 한 부분으로 여겼을 것이다. 그리고 그들은 위대한 공동의 작품을 위하여 쉽게 포기했을 것이다. 그들은 "이 땅 위에는 우리가 차지할 영원한 도성이 없습니다. 우리는 다만 앞으로 올 도성을 바라고 있을 뿐입니다"(히브 13,14)라는 성서 말씀을 잘 인식했고, 세대를 이어 돔을 건설하려는 인내심을 가진 이들이었다.

교회가 이 지구상에서 순례자라는 멍에를 지지 않아도 되는 그런 때가 언젠가는 한 번 주어지기를 희망하는 그 유혹은 크다. 이 멍에를 교회가 어깨로 짊어져야 하는 것은 아니며, 교회에 이 멍에는 가벼운 것이다. 그 멍에는 바로 주님의 멍에이기 때문이다: "내 멍에를 메고 … 내 멍에는 편하고 내 짐은 가볍다"(마태 11, 29-30). 하지만 멍에를 져야 한다는 사실은 여전히 남아 있다.

주님께서 다시 오실 때까지 교회와 우리 모두는 "세상의 손님일 뿐"이다. 하지만 이 사실이 교회가 이 세상에 무관심하다는 것을 뜻하지는 않는다. 순례자들은 파괴자들이 아니다. 순례자들의 큰 덕목은 인내와 영속성이다. 교회가 교육과 병자나 가난한 이들을 위한 봉사에 얼마나 많은 인내심으로 임하고 있는가! 성 바울로의 권고들이 이 인내의 증명이다. 여기서 참을성 없는 묵시가는 모든 문제를 해결하는 하느님의 큰 개입을 기다리지 않는다. 오직 신앙으로 끈기 있게 선을 행하는 희망의 인내를 창조하는 이라야 이야기할 수 있다.

새로운 복음화는 아마도 첫 복음화와 다르지 않을 것이다. 아주 소수의 그리스도교 공동체나 가정들이 그들의 삶으로 "생명의 복음"을 전파했고, 윤리적으로 해이해진 한 고대사회에 삶의 맛을 새로이 일깨워 준 이들이었다. 얼마나 많은 인내로 — 강력한 은총의 도움으로 — "온정도 자비도 없는"(로마 1,31) 세상에 덕행의 씨앗을 뿌렸던가! 처음으로 "사랑의 문명"이 성장하도록 말이다. 그럼에도 초대 그리스도교에는 얼마나 많은 미해결점과 미복음화가 머물고 있었던가. 교서 『제삼천년기』Tertio Millenio Adveniente는 교회가 그동안 노예 제도나 고문(35항)에 대해 이해할 수 없을 만큼 무관심했던 점을 오늘날 반성해야 함을 예로 들고 있다. 그리고 얼마나 많은 미해결점, 아직 복음화되지 않은 것과 새롭게 복음화되어야 할 것들이 우리 시대의 교회에, 우리의 삶에 놓여 있는가! 공의회의 다음 말은 교회의 모든 순례 여정에 해당된다: "'거룩하시고 순결하시고 흠이 없으신'(히브 7,26) 그리스도께서 죄를 모르셨지만(2고린 5,21 참조) 오로지 백성들의 죄를 없애러 오셨으므로(히브 2,17 참조), 자기 품에 죄인들을 안고 있어 거룩하면서도 언제나 정화되어야 하는 교회는 끊임없이 참회와 쇄신을 추구한다."[30]

교회는 순례의 길을 계속하는 동안 항상 정화되어야 하고 지속적으로 참회와 쇄신을 요구한다. 교회가 세상을 순례하는 동안, 그리스도께서 아직 세상의 모든 것을 "굴복시키지"(1고린 15,28) 않는 한 교회의 성화와 우리 각자의 구원이 그리스도로부터 이미 모두에게 실행되었다 하더라도 아직 우리 안에서 완성된 것은 아니기 때문이다: "그리스도께서는 단 한 번 당신 자신을 제물로 바치셨습니다. 그러나 많은 사람의 죄를 없애 주셨고 다시 나타나실 때에는 인간의 죄 때문에 다시 희생제물이 되시는 일이 없이 당신을 갈망하고 있는 사람들에게 구원을 가져다주실 것입니다"(히브 9,28).

우리들의 고귀한 노력 역시, 우리들의 가장 그리스도교적인 요청 역시 정화와 구원을 필요로 한다. 마무리하면서 나는 교황 성하께서 교회와 모든 신앙인들에게 특별한 관심을 부탁하는 간곡한 요청을 말하고 싶다. 바로 그리스도인들의 일치를 향한 열망, 그것이다.

공의회는 그리스도인들의 분열이 "양쪽 사람들의 잘못"[31]으로 인해 이루어졌음을 말하고 있다. 그래서 갈라진 그리스도교 역시 그리스도인의 역사 안에 치유와 구원을 필요로 하는 것들이 있음을 지시해 주는 징표라는 사실이 우리에게 분명히 인식되고 있다. 그리스도인들의 일치를 위한 노력이 세계 도처에서 감지되는 이 시대에 우리는 일치의 추구가 그들 각자의 편에서 항상 정화되고 있는지 우리들 자신도 점검해 봐야 한다.

현대 영적 대스승의 한 사람인 콥트 정교회 수사신부 마타 엘 마스키네Matta el Maskine는 분열뿐 아니라 일치를 위한 노력도 세속의 영에 물들어 있을 수 있음을 경계한다. 그 일치는 예수님께서 기도했던 대로인가?: "아버지께서 내 안에 계시고 내가 아버지 안에 있는 것과 같이 이 사람들도 우리들 안에 있게 하여 주십시오"(요한 17,21). 혹은 "세력을 키우기 위한 일치", "연합들"인가? 그리고 암바 마타Amba Matta는 혹시 일치를 위한 노력 안에 세상 앞에서 강해지기 위해 약점의 멍에를 벗어버리고 싶은 유혹이 숨어 있지 않나 묻고 있다. 바로 콥트 정교회처럼 수세기 동안 박해를 받아 온 교회는 이 유혹을 안다.[32]

그러나 이 유혹 역시도 "대大자매 교회"의 노력 중에 있는 것은 아닌가? 그리고 주님께서는 아직 우리가 성부와 성자가 하나인 것 같은 하나된 삶을 이루지 못하기 때문에, 조롱과 멸시의 세상에서 불일치의 수치인 십자가를 지게 하시는 것은 아닌가? 만일 교회가 약하다면 "죽임을 당한 어린 양"(묵시 5,6)이 교회를 이끈다면, 바로 그 때문에 교회가 승리하는 것이 아닌가? 겔트루드Gertrud von Le Fort의 독일 교회의 분열을 주제로 한 소설 『마그데부르크의 결혼』에서 가톨릭 신자인 틸리Tilly 원수는 개신교 신자인 젊은 장교에게 이렇게 말한다: "마리아는 손에 든 칼이 아니라 가슴으로 승리했다."

넷째 묵상: 일어나 신랑을 마중 나가라!

"한밤중에 '저기 신랑이 온다. 어서들 마중 나가라!' 하는 소리가 크게 들렸다"(마태 25,6). 공의회는 교회를 이렇게 말한다: "지상에서 이 나라(하느님 나라)의 싹과 시작이 된 것이다. 교회는 조금씩 자라나는 동안 하느님 나라의 완성을 위하여 분투하며, 온 힘을 다하여 자기 임금님과 영광스럽게 결합되기를 바라고 갈망한다."[33]

교회는 예수 그리스도와 함께하는 삶의 공동체다. 어떻게 교회가 여기서 그리스도와 일치하기를 희망하고 원하지 않겠는가? 이 마지막 묵상은 그리스도 안에서의 완성이라는 교회의 목표에 대한 내용이다. 언뜻 첫눈에 보기에 상당히 달라 보이는 세 측면이 다루어져야 한다. 그리스도를 향한 갈망이 이 세 측면의 공통점을 이룬다:
1. 동쪽을 향한 전례적 기도
2. 그리스도에 대한 사랑의 표현인 목자직
3. 교회의 마지막 시험

1. 초대교회의 전례는 주님 오심에 대한 동경으로 채워졌다. "마라나 타!"(주님, 어서 오소서!: 1고린 16,22), 이것은 교회의 전례적 환호다. 이것은 "성령과 신부"(묵시 22,17)가 그리스도를 부르고 그에 대해 그리스도께서는 "그렇다, 내가 곧 가겠다"(묵시 22,20)라고 대답하신다.

교회가 "마라나 타"를 표현하는 특권을 부여받은 장소인 성찬례의 거행은 그분의 성사적인 현존 안에서 우리에게 "다가올 영광의 보증"[34]으로 주어진다. 신자들의 자의식 속에서, 말씀의 선포에서, 전례 예식의 거행에서 우리 기도와 전례 거행의 종말론적 지향이 분연히 드러나는가? 여기서는 전례적 기도의 내적 지향이 먼저지 외적인 형태 — 가령 전례 거행의 방향 — 는 다음 문제다.

"성찬례의 내적인 방향은 항상 같은 것이 될 수 있다. 즉, 성령 안에서 그리스도로부터 성부께로 — 문제는 단지 어떻게 전례적 동작에서 이것을 가장 잘 표현하느냐 하는 것이다."[35] 어떻게 이것이 전례적 행위언어 안에서 표현되는가? 우선 사제와 백성이 공동의 기도지향으로 그들의 기도를 우리 주 그리스도를 통하여 아버지께 바치는 것, 전례개혁 때까지는 일반적이었던 것을 통해서 알 수 있다. 이것은 사제가 신자들로부터 등을 돌리는 것이 문제가 아니라, 주님 쪽으로 방향을 함께하고자 하는 것에 대한 것이다. 즉, 아우구스티노 성인이 자신의 설교 끝부분에서 "주님을 향해서 기도하라"고 항상 말했듯이.

종말론적인 요소는 기도의 "방향설정"을 통해서 강조된다. 예로부터 그리스도인들은 사적으로나 공적으로나 주님의 재림을 향한 간절한 기다림에서 "동쪽을 향해서" 기도하였다. 얼마나 이런 의식이 깊었는가는 수많은 중세 성당 축의 정확한 위치에 대한 연구에서 나타난다. 빈의 슈테판 대성당의 축은 기공식 날인 1137년의 스테파노 축일에 정확한 일출 방향에 맞춰 놓였다. "높은 곳으로부터의 여명黎明"이신 그리스도는 당신 거룩함의 광채 안에서 빛난다.

이것이 오늘날에도 얼마나 인상적인지는 여명이 베드로 대성당의 동쪽으로 난 문이나 창문들을 통해서 비춰질 때면 알 수 있다. 교황님은 시초부터 동쪽을 향하여 그리스도를 맞이하면서 이곳에서 전례를 거행하고 계시다. 전례 안으로 이러한 우주적인 상징을 삽입하는 것이 우리에겐 상당히 낯설다. 하지만 이런 표징이 신앙을 육화시키기 위해서는 얼마나 중요한가. 동쪽을 향해 사제와 신자들이 함께 바치는 기도는 이런 우주적인 "방향설정"을 떠오르는 태양이신 그리스도의 부활, 그리고 그분의 영광 중의 다시 오심에 대한 신앙과 연결시킨다.

물론 이런 전례적인 상징이 절대화되거나 이념적 논쟁의 대상이 되어서는 안 된다. 그러나 전례에 있어서 한 가지 무조건적으로 유효하고 필요한 것은 모든 전례의 거행이 "신랑과의 만남"이며, 그리스도의 재림에 대한 선취라는 것이다. 그렇기 때문에 그리스도가 중심에 있어야 하고, 우리는 그분의 죽음과 부활을 고백하고 그분의 재림을 희망하는 것이다.

역사적 측면에서 볼 때 "신자들을 향한" 전례거행의 새로운 형식은 이전보다 적법하지 않은 것은 아니지만, 전제 조건은 새로운 전례형식 속에 그리스도를 향한 방향이 분명하게 남아 있고, 예컨대 "그리스도의 몸의 형상"[36]인 제단이 참으로 전례의 중심에 서 있는 조건하에, 또한 그리스도를 대신해 제단에 서 있는 사제가 "그분은 커져야 하고 나는 작아져야 합니다"(요한 3,30)라고 했던 세례자 요한의 자세처럼 자기 자신으로부터 그리스도를 보여 주고, 자기 자신을 그리스도에 대해 상대화하는 조건하에서 그렇다. "신랑의 친구"가 되고, "신랑의 목소리"(요한 3,29)에 대해 기뻐하는 것, ― 이것이 사제의 올바른 자세이며, 사제의 직무는 "신랑을 맞이함"에로 초대하는 것이다.

2. 그리스도를 향해 마주 나아가고자 하는 열망은 그분과 "같은 형상이 되고자"(로마 8,29 참조) 하는 우리들의 소망도 의미한다. 신랑을 맞이함은 단지 그분의 재림을 희망하는 것만이 아니라, 먼저 당신 십자가의 죽음에까지(필립 2,8 참조) 스스로 내려오신 그곳으로 그분을 마중 나가는 것이다. 아우구스티노 성인은 주님 변모에 대한 강론에서 따름에 관해 다음과 같이 분명히 얘기한다:

> 베드로가 산에서 그리스도와 함께 살기를 바랐을 때, 그는 이것을 아직 깨닫지 못하였습니다(루가 9,33 참조). 베드로여, 그리스도께서는 돌아가신 다음에 주시려고 이것을 남겨 두셨습니다. 그러나 지금은 그분

께서 말씀하십니다: 지상에서 고생하고, 지상에서 봉사하고, 지상에서 멸시받고, 십자가에 못박히기 위하여 내려가라. "생명"이신 분이 죽임을 당하기 위하여 내려오고, "빵"이신 분이 굶주리기 위하여 내려오고, "길"이신 분이 길 가느라 고단하기 위하여 내려오고, "샘"이신 분이 목마르기 위하여 내려오는데, 너는 고생하기를 싫다 하느냐?(「설교집」78,6).[37]

신랑을 맞이함! 이것은 또한 목자적 사랑으로 불타고 있는 등불을 들고 그리스도를 마중 나감을 뜻한다: "주님께서는 당신의 양 떼를 보살피는 것이 당신께 대한 사랑의 증거라고 분명히 말씀하셨다"(요한 크리소스토모, 「사제직」2,4).[38]

"사제들은 교회의 배필이신 예수 그리스도의 살아 있는 모습이 되어야 합니다."[39] "사제는 머리이시며 목자이신 그리스도를 닮은 사람이기 때문에 사제의 영성생활을 활기차게 해 주고 이끌어 주는 힘, 즉 내적인 원칙은 목자로서의 사랑입니다."[40] 신랑을 맞이함! 이것은 사제인 우리에게 맡겨진 양 떼인 교회를 "교회를 사랑하시어 그를 위해 자신을 넘겨주신"(에페 5,25) 그리스도의 사랑으로 날로 더욱 사랑해야 함을 뜻한다.

3. 신랑을 맞이함! 그리스도의 신부이며, 전체로서의 교회에 있어서도 그분과 더욱더 같아져야 함을 의미한다. 교회도 그리스도처럼, 모든 신앙인들처럼 "많은 환난을 거쳐서 하느님 나라에 들어가야 한다"(사도 14,22). 대희년을 앞두고 이 문제는 교회에 새로운 의미를 던져준다. 생명의 책에 적힌 우리 세기 수많은 순교자들의 숫자를 대하며 "하느님의 말씀 때문에 또한 자기가 다짐한 증언 때문에 살육

된 이들의 영혼"(묵시 6,9)의 급박한 외침이 새롭게 들려온다: "거룩하시고 진실하신 주재자시여, 언제까지 당시의 심판을 미루시어, 땅 위에 사는 자들에게 우리 피의 앙갚음을 하지 않으시겠습니까?"(묵시 6,10). "그들은 잠시 동안 쉬어야 한다는 말을 들었다. 그것은 그들처럼 장차 죽임을 당할 그 동료 종들과 형제들의 수가 차기까지 기다려야 한다는 것이었다"(묵시 6,11).

여기서 기다림과 휴식의 "잠시"는 무엇을 의미하는가? 그것은 바로 우리가 앞에서 그 의미를 새겨보았던 "교회의 시간"을 말한다. 여기에 보충할 수 있는 세 가지 관점을 열거할 수 있다:

a) 이 "잠시"는 "종말까지"(마태 10,22) 참고 기다리는 시간을 말한다. 오리게네스의 심오한 사상에 따르면, 이는 단순히 순례하는 교회의 기다림이 아니라, 지상과 천상 교회의 기다림이며 또한 천상의 성인들도 우리와 함께 기다린다는 것이다. 그들은 그리스도 몸의 마지막 지체까지, 모든 이들이 구원되고 완성될 때까지 기다린다.[41] 전 교회는 중간상태에 있고 또 교회는 그의 신랑과 하나 되기를 기다린다. 또한 모든 지체들은 각자 자기 방식대로 이 "적극적인 기다림"에 참여하고 있다. 하늘의 성인들은 전구를 통해, 우리는 순례자를 보호하는 교회를 통해 "교회인 그리스도의 몸을 위해" 이 지상 삶에서 "그리스도의 남은 고난"(골로 1,24)을 채우는 것으로 기다림에 참여하고 있다. 부활과 함께 "마지막 날에"[42]야 비로소 "그리스도의 몸의 건설"(에페 4,12)이 완성될 것이다. "중간 상태"에 있는 이런 연대성을 띤 교회의 시각은 "개인주의적 구원"을 극복하는 데 도움을 줄 수 있다.

b) 이 "잠시"는 교회의 마지막 시험 시간이다. 『가톨릭 교회 교리서』는 이에 대해 다음과 같이 말한다:

"그리스도께서 재림하시기 전에 교회는 많은 신자들의 신앙을 흔들어 놓게 될 마지막 시련을 겪어야 한다. 교회의 지상 순례에 따르는 이 박해는, 진리를 저버리는 대가로 인간의 문제를 외견상 해결해 주는 종교적 사기의 형태로 '죄악의 신비'를 드러내게 될 것이다. 최고의 종교적 사기는 거짓 그리스도, 곧 가짜 메시아의 사기이다. 이로써 인간은 하느님과 육신을 지니고 오신 하느님의 메시아 대신에 자기 자신에게 영광을 돌리는 것이다."[43]

오늘날 우리는 어디에 서 있는가? 우리는 그 날도 그 시간도 모르고 있다(마르 13,32 참조). 그러나 우리는 알고 있다: "여러분이 잠에서 깨어날 시간이 벌써 왔다는 것입니다. 우리의 구원은 우리가 믿기 시작한 때보다 더 가까워졌기 때문입니다"(로마 13,11).

그 날이 얼마나 가까이 와 있는지는 모르지만 우리는 믿는다:

> 교회는 그 죽음과 부활 안에서 주님을 따르는 이 마지막 파스카를 통과해야만 하느님 나라의 영광에 들어갈 수 있다(묵시 19,1-9 참조). 그러므로 이 나라는 상승적인 발전에 따른 교회의 역사적 승리를 통해서 완성되는 것이 아니라, 당신의 신부를 하늘에서 내려보내실 하느님께서 악의 마지막 발악에 대해 승리하심으로써 완성될 것이다.[44]

신랑을 맞이함! 교회가 그리스도를 마중 나가는 길은 "십자가의 좁은 길"이다.[45]

c) 영광 중에 그리스도의 오심은 그분의 자유롭고 주권적인 행위다. 하지만 그분의 신랑을 맞이하는 교회의 길은 우리가 묵상들에서 이미 여러 번 다루었듯이 특별한 신비와 연결된다: "메시아의 영광

스러운 재림은 역사의 어느 순간에든 이루어질 수 있지만(로마 11,31 참조) '믿지 않는'(로마 11,20) 일부 이스라엘 사람들의 완고함(로마 11,25 참조) 때문에, '온 이스라엘'(로마 11,26; 참조: 마태 23,39)이 예수님을 인정할 때까지 보류되고 있다. … '그들이 버림을 받은 결과로 하느님과 세상 사이에 화해가 이루어졌다면, 하느님께서 그들을 다시 받아 주실 때에는 어떻게 되겠습니까? 죽었던 사람들에게 생명을 주실 것이 분명합니다'(로마 11,15). 메시아의 구원으로 들어가는 '이방 민족들의 풍성한 축복'(로마 11,25)에 뒤이은 '유다인들의 풍성한 축복'(로마 11,12 참조)은 하느님의 백성을 '하느님께서 모든 것 안에서 모든 것이 되시는'(1고린 15,28), '그리스도의 완전성에 도달하게'(에페 4,13) 해 줄 것이다."[46]

"모든 것을 다시 새롭게 만드실 이 시간"(사도 3,21)이 역사 안에 포함되는가? 이 때가 역사의 끝이 될 것인가? 신앙 안에서 한 가지 사실은 분명하다. 신랑을 맞이하는 이 교회의 길은 이스라엘의 역사와 불가분하게 연결되어 있다. "이방인의 시대"(루가 21,24)는 여전히 지속되고 있고, 대부분의 이스라엘인들은 아직도 메시아를 기다리고 있다. 그리스도인들의 일치를 위한 모두의 노력은 중요하다. 그것은 성령의 강한 충동이다. 그리고 교회가 순례하는 한, 처음과 예수님의 두 번째 오심 사이의 "중간 시간"이 지속되는 한 교회는 완성되지 않은 상태로 머무를 것이며, 교회의 일치도 계속 단편적으로 유지될 것이다. 따라서 교회는 시므온이 성전에서 "당신 백성 이스라엘의 영광과 이방인을 밝혀 줄 빛"(루가 2,32)으로 찬양했던 신랑이신 그분과 일치되기를 열망하고 있다.

주

[1] 교회헌장 48항.
[2] 교회헌장 5항.
[3] 교회헌장 2항.
[4] 교리서 769항.
[5] H.U. von Balthasar, *Theodramatik* IV (Einsiedeln 1983) 114.
[6] 교리서 671항.
[7] H.U. von Balthasar, *Homo Creatus est: Skizzen zur Theologie* V (Einsiedeln 1986) 149.
[8] 교리서 770항.
[9] H.U. von Balthasar, 앞의 책 154.
[10] 같은 책 151.
[11] 교리서 175항.
[12] 교리서 426항 참조.
[13] 교리서 948항.
[14] 교리서 948항.
[15] H. de Lubac, "Sanctorum communio", *Théologies d'occasion* (Paris 1984) 11-35 참조; 여기서는 19.
[16] 교회헌장 49항; 교리서 954항.
[17] 교회헌장 49항; 참조: 교리서 945, 955, 956항.
[18] H.U. von Balthasar, 앞의 책 163.
[19] J. Ratzinger, *Auf Christus schauen* (Freiburg 1989) 79.
[20] 교회헌장 26항.
[21] H.U. von Balthasar, 앞의 책 156.
[22] 교회헌장 3항; 교리서 1364항.
[23] H.U. von Balthasar, 앞의 책 156.
[24] 교리서 958항.

[25] 교리서 953항.

[26] Le Pèlerin de l'Absolu, 377.

[27] 교회헌장 48항.

[28] 사목헌장 10항; 교리서 450항; 참조: 제삼천년기 59항.

[29] 교리서 769항.

[30] 교회헌장 8항; 교리서 827항.

[31] 일치교령 3항; 교리서 817항.

[32] Matta el Maskine, *L'unité chrètienne*, Wadi el Natroun, 155.

[33] 교회헌장 5항.

[34] 교리서 1402항.

[35] J. Ratzinger, *Das Fest des Glaubens* (Einsiedeln 1981) 121.

[36] 교리서 1383항.

[37] 교리서 556항.

[38] 교리서 1551항.

[39] 현대의 사제 양성 22항.

[40] 현대의 사제 양성 23항.

[41] 7. Homilie über Leviticus, zitiert bei H.de Lubac, *Katholizismus* (Einsiedeln 1943) 368-373 = Text 21 참조.

[42] 교리서 1001항.

[43] 교리서 675항.

[44] 교리서 677항.

[45] 선교교령 1항; 교리서 853항.

[46] 교리서 674항.

마·무·리·묵·상

나는 교회의 품 안에 사랑이 되리라

교황 바오로 6세께서는 "교회는 인류에 대한 하느님 사랑의 가시적인 계획이다"[1]라고 말씀하셨다. 이 책에서 우리는 하느님 사랑의 계획에 대해 묵상했다.

"스스로 한없이 완전하고 복되신 하느님."[2] 『가톨릭 교회 교리서』의 첫 구절인 이 말씀으로 우리는 피정 여정을 시작하였다. 우리는 여러 단계를 따라왔는데, 그 단계마다 한없이 완전하고 복되신 삼위일체 하느님께서 당신의 창조물인 사람들을 당신의 복된 생명에 참여하게 하고, 당신 가족인 교회의 일치 안에 불러모으신다.[3]

지금까지 우리는 "하느님 사랑의 계획"인 교회에 대해 묵상하였다. 『제2차 바티칸 공의회 문헌』은 "교회는 공의회 기간 동안에 스승께 온전히 충실하고자 하는 원의에 온전히 이끌려 자기 자신의 신원에 관해 스스로에게 물으며, 그리스도의 몸과 신부인 자신의 신비의 깊이를 새롭게 발견하였습니다"[4]라고 적고 있다.

여기서 항상 반복해서 우리에게 던져진 문제는 예수님 강생 이후 삼천년기를 시작하며 오늘날 교회는 어떤 상태에 있는가라는 것이다. "사람의 아들이 올 때에 과연 이 세상에서 믿음을 찾아볼 수 있겠느냐?"(루가 18,8). 혹은 "지금은 우리가 처음 믿던 때보다 우리의 구원이 더 가까이 다가왔습니다"(로마 13,11)인가? 밤과 어둠 속으로 더 깊게 들어가고 있는가? 혹은 "여러분이 잠에서 깨어나야 할 때가 왔습니다. … 밤이 거의 새어 낮이 가까웠습니다"(로마 13,11-12)인가?

우리는 "그 날과 그 시간"(마르 13,32)을 알지 못하기에, 깨어 있어야만 한다(마태 24,37). 우리는 신앙의 확고한 확실성[5]을 통해 "세기들의 종말이 우리에게 다가왔으며 세상의 쇄신도 되돌이킬 수 없이 결정되어 이 현세에서 어느 모로 미리 이루어지고 있다"[6]는 것을 알고 있다.

이 신앙의 확실성은 어디에 근거하며, 이 확실성이 감각적으로 이해되기 위해서 어떤 상징을 제시할 수 있는가? 여기에 대해 공의회는 그 근거를 제시한다: "교회가 이미 지상에서 참된 성덕으로 불완전하게나마 드러나고 있기 때문이다."[7]

「교회헌장」은 5장 시작에서 말한다: "교회의 신비를 거룩한 공의회가 제시하는 대로, '교회는 흠 없이' 거룩하다고 믿어진다."[8]

이 거룩한 교회는 "하느님 사랑의 계획"이다. 거룩한 교회는 사랑받는 신부이며, 그리스도께서는 교회를 거룩하게 하시려고 당신 자신을 교회를 위해 바치셨다. 교회가 "그리스도와의 친교"를 의미한다면, 교회는 그리스도처럼 거룩할 수 있고, 그리스도를 통해 거룩해진다. 우리는 비록 교회의 지체들이 많은 죄중에 있어도, 교회에서 결코 거룩함이 상실되지 않는다는 것을 신앙 안에서 확신하고 있다. 교회의 거룩함을 발견한 사람은 "교회 신비의 심오함"을 찾은 것이다. 교회를 보는 것이 하느님의 기쁨이며 "천사들도 보고 싶어(1베드 1,12) 한다". 그러므로 교회에 대한 우리 사랑이 그분의 신부에 대한 그리스도의 사랑에 의해 타오르도록 하기 위해서 이 마지막 묵상은 거룩한 교회에 대해 할애해야 할 것이다.

우리는 희망에 관한 묵상에서 스승과 처음 만났던 예수의 첫 제자들의 흔적을 따라가 보았다. 마무리 묵상에서 우리는 다시금 제자들을 따라가는데, 이번에는 예루살렘 성전으로 따라 들어간다. 그래서 주님은 제자들이 당신을 볼 수 있도록 그들을 다시 초대하신다. 즉, 이 초대는 주님께서 당신의 수난을 앞두고 그들에게 하신 것처럼 다시 한 번 가장 중요한 것을 그들에게 보여 주시기 위한 것이다. 이 초대는 주님께서 제자들에게 다시 한 번 "와서 보라"(요한 1,39)고 하신 것과 같은 것이다. 또한 주님께서 제자들에게 보여 주신 것은 놀랍게도 "적음"과 "미소함"이다.

> 예수께서 헌금궤 맞은편에 앉아서 사람들이 헌금궤에 돈을 넣는 것을 바라보고 계셨다. 그 때 부자들은 여럿이 와서 많은 돈을 넣었는데 가난한 과부 한 사람은 와서 겨우 렙톤 두 개를 넣었다. 이것은 동전 한 닢 값어치의 돈이었다. 그것을 보시고 예수께서는 제자들을 불러 이렇게 말씀하셨다: "나는 분명히 말한다. 저 가난한 과부가 어느 누구보다도 더 많은 돈을 헌금궤에 넣었다. 다른 사람들은 다 넉넉한 데서 얼마씩 넣었지만 저 과부는 구차하면서도 있는 것을 다 털어 넣었으니 생활비를 모두 바친 셈이다"(마르 12,41-44).

루가 복음에서처럼 마르코 복음에서도 「과부의 헌금」 이야기는 종말에 관한 예언과 수난에 관한 이야기 이전에 예수님의 말씀과 행동에 있어서 결정적인 정점을 형성한다. 이 작은 장면에 다시 한 번 복음 전체가 요약된다. 이 장면은 말 그대로 복음의 요약이다.

먼저 예수께서 응시함! 예수께서는 앉으셔서 많은 사람들이 어떻게 헌금궤에 돈을 넣는지 바라보신다. 오랫동안 우리는 예수님의 이 바라봄을 묵상할 수 있다. 그런데 우리가 그분의 응시를 알아채지 못한다면, 그분의 이해하시는 시각이 우리의 것이 되지 못한다면 어떻게 우리가 그분의 제자가 될 수 있겠는가? 주님은 당신의 제자들에게 사물을, 상황을, 사람들을 당신의 관점에서 이해하는 것을 가르치신다. 이것이 예수께서 당신의 교회를 형성하시는 방법이다. 그분의 관점에서 바라봄, 그분의 영으로 이해함에서, 그분의 뜻으로 행함에서, 그분의 마음으로 느낌에서 교회가 설립되며, 여기에 교회의 거룩함이 근거한다.

또한 예수께서는 많은 사람들을 주시하시고 여러 명의 부자들을 보시는데, 부자는 많은 돈을 헌금궤에 넣었다. 그런데 거기서 예수께서는 한 가난한 과부를 보신다. 그 과부가 넣은 것은 고작 렙톤 두 개였다.

여기서 지금 예수께서는 당신의 제자들을 함께 불러 모으신다. 라틴어역 성서(Vulgata본)는 "불러 모음"Convocans이라고 번역한다. "불러 모음"이 교회의 이름이다. 주님께서는 제자들에게 가난한 과부를 보여 주려고 그들을 불러 모으신다. 주님께서는 이 가난한 과부에 대해 아주 큰 일을 했다고 하신다. 즉, 그녀가 가진 모든 것, 그녀의 생활비, 즉 "그녀의 삶을 송두리째" 내놓았다.

이 가난한 과부 때문에 주님은 제자들에게 아주 중요한 어떤 것, 또는 특별히 보아야 할 가치가 있는 것을 보여 주셔야만 할 때처럼 당신 제자들을 특별히 불러 모으신다.

이 과부는 그녀가 주시받고 있고, 주님께서 자신을 보았다는 것을 깨닫지 못하였다. 주님께서는 그녀에게 어떤 칭찬이나 어떤 보상의 약속도, 심지어 아무 말씀도 하지 않으셨다. 부자들에 의해, 성전에 있는 사람들에 의해, 또한 제자들에 의해 주목받지 못한 이 보잘것없는 행위가 더 순수하게 드러나고, 제자들은 자주 그랬던 것처럼 주님께서 그들에게 이 과부의 행위를 지적하지 않으셨다면 아무것도 깨닫지 못했을 것이다.

과부의 행위가 아름다운 것은 사심이 전혀 없었기 때문이다. "오른손이 하는 일을 왼손이 모르게"(마태 6,3) 한 것이다. "사람들로부터 칭찬을 받으려고"(마태 6,2) 자선을 행한 것이 아니다. 그리고 이 행위가 참으로 진실한 것은 이 과부가 생활비를 다 내놓았기 때문이다.

주님께서는 제자들에게 이 가난한 과부를 보여 주시기 위해서 제자들을 불러 모으신 걸까? 그렇다, 제자들이 이 과부의 경우처럼 제대로 사람을 볼 줄 아는 것을 배워야 하기 때문이다. 목자인 제자들은 사람들에 대해 하나의 관점을 가져야 하고, 이를 위해 예수께서는 제자들을 부르시고 그들이 당신의 "시각"으로 보고 배우도록 하신다. 그리고 제자들은 이러한 "크기"에 대해 놀라는 것을 배워야만 했다. 즉, 제자들은 누가 하늘나라에서 큰 사람인지 아는 것을 배워야 한다는 뜻이다. 예수께서는 그들이 예수님의 마음을 따르는 목자가 되도록 그들의 시각을 형성시켜 주시는 것이다.

수난을 앞두고 예수께서는 제자들에게 마치 환영幻影처럼 당신이 파견되신 완전한 의미를 보여 주신다. 즉, 주님은 가난한 이들을 위해 오셨고, 당신의 것을 다 내놓으시고(필립 2,7) 마침내 "당신의 모든 삶"을 우리를 위해 아버지의 성전 헌금궤에 던져 넣으셨다.

그래서 이 가난한 과부는 예수님의 순수하고 참된 모상이며, "교회는 하느님의 선물로부터 모든 것을 받아서 살아감을 알고 있다"[9]고 한 교부들의 성서 해석이 가난한 과부의 모습을 통해 교회의 형태를 감지한 것은 결코 우연이 아니다.

우리가 "자기 자신(교회)의 신원에 관해 스스로에게"[10] 물으면 우리는 이 가난한 과부의 모습을 제시할 수 있다. 주님께서는 사도적 직무에로 불림을 받은 우리를 부르시어 당신께로 모으시고, 주님의 눈에는 크지만 우리가 소홀히 하거나 사심과 사욕이 없는 제물로 이루어진 가난하고 보잘것없는 교회의 모습을 우리에게 보여 주신다. 주님은 우리가 어디에서 거룩한 교회를 발견해야만 하는지를 보여 주시고, 당신의 사랑을 이 "가난한 과부인 교회"에게 나누도록 초대하시며, 당신 기쁨의 환호 안에서 아버지를 기쁘게 해 드리기 위해서 당신의 신비를 "철부지 어린아이들"(마태 11,25-26)에게 나타내 보이신다. 이것은 "그리스도의 몸과 신부인 교회의 신비의 깊이"[11]로서, 공의회가 이것을 다시 발견하였다.

이토록 참되고 감추어진 거룩함이 교회에서 결코 사라져서는 안 된다. 또 목자인 우리에게서 교회를 보고 하늘과 땅의 주인이신 성부를 찬양하는 예수님의 시각이 사라지지 않기를 바란다(마태 11,25 참조).

나아가 주님께서 친히 우리를 도우셔서 사람들을 교회의 길로 나아가게 하시고 사람들로 하여금 당신의 눈으로 보고, 당신의 마음으로 느끼고 생각하게 하신다.

『가톨릭 교회 교리서』는 성인 성녀에 대한 수많은 증언과 말씀들을 제시한다. 이것은 장식이 아니라, 교리 그 자체의 씨앗이다. 이 열정에 불타는 말씀 안에서 신앙의 가르침은 정신과 생활이라는 것이 분명하게 드러난다.

교리서의 "교회는 거룩하다"[12] 중간 부분에 아기 예수의 성녀 데레사의 유명한 글이 있다. 이 글은 비할 수 없이 명확하게, 그리고 직접적인 말로 교회의 거룩함의 신비가 무엇인지를 말한다:

> 저는, 교회가 여러 다른 지체들로 이루어진 몸이라고 한다면 거기에는 반드시 가장 필요하고 가장 고귀한 지체가 있으리라는 것을 알게 되었습니다. 곧, 교회가 심장을 가지고 있고, 그 심장은 사랑으로 불타 오르고 있다는 것을 깨달았습니다. 저는 오직 사랑만이 교회의 지체들을 움직이게 하며, 만일 이 사랑의 불이 꺼지게 되면 사도들은 더 이상 복음을 전파하지 못할 것이고, 순교자들은 자신의 피를 흘리려 들지 않으리라는 것을 깨달았습니다. … 사랑은 모든 부르심을 포함하며, 사랑은 모든 것이고, 사랑은 모든 시대 모든 장소를 끌어안고 있다는 것을, … 한마디로 사랑은 영원하다는 것을 알았습니다![13]

그리고 계속해서 성녀 데레사는 말한다:

> 저는 억제할 수 없는 저의 충만한 기쁨에서 오 나의 사랑 예수님 … 이라고 불렀습니다. 마침내 저는 저의 소명을 발견하였습니다. 저의 소명은 사랑입니다. … 저는 교회 안에 저의 자리를 찾았습니다. 그런데 하느님, 이 자리를 당신이 저에게 선물하셨더군요. … 교회의 품 안에서 저는 사랑이 되기를 … 그래서 저는 모든 것이 될 것입니다. … 진정 저의 꿈이 이루어지게 될 것입니다!(『자서전 유고』 B 3v).

공의회는 우리 모두가 거룩함에로 불림받았음을 분명하게 상기시킨다. 그러나 누구도 실제로 거룩함의 길이 통행할 수 있음을 성녀 데레사처럼 분명하게 체험하거나 본 사람은 거의 없다. 성녀는 「자비로우신 하느님 사랑에 바치는 봉헌기도」Acte d'offrande á I' Amour miséricordieux로 비할 수 없이 정확하게 은총의 의화에 대한 가톨릭 교회의 가르침을 설명한다. 우리는 『가톨릭 교회 교리서』에 있는 의화, 은총, 공로에 관한 장의 끝부분에 있는 이 말씀으로 우리의 영적 수련의 길을 마감하려고 한다. 성녀 데레사의 이 봉헌기도는 하늘과 땅을 창조하신 하느님께서 원하시는 그 목표를 향한 출발점으로 우리를 되돌린다. 그 목표는 천상 본향과 거룩한 삼위일체이신 하느님의 품으로 귀향하는 교회의 모습이다.

> 세상의 귀양살이가 끝난 다음, 저는 고향으로 돌아가 주님을 누리기를 바랍니다. 그러나 하늘 나라를 위한 공로를 쌓기를 바라지 않고, 주님의 사랑만을 위해 힘쓰기를 바랍니다. … 이 생명이 끝날 때, 저는 빈손으로 주님 앞에 서겠습니다. 저는 주님께 제 업적을 헤아려 주시기를 청하지 않기 때문입니다. 저희의 모든 의로움도 하느님께서 보시기에는 흠이 있는 것입니다. 그러므로 저는 주님께서 바로 그 주님의 의로움으로 저를 꾸며 주시어, 주님의 사랑으로부터 주님을 영원히 소유하기를 원합니다.[14]

주

[1] 1973년 6월 22일 훈화; 교리서 776항.
[2] 교리서 1항.
[3] 교리서 1항 참조.
[4] 제삼천년기 19항.
[5] 교리서 157항 참조.
[6] 교회헌장 48항; 교리서 670항.
[7] 교리서 670항.
[8] 교회헌장 39항; 참조: 교리서 823항.
[9] Beda Venerabillis, In Luc cap. 86.
[10] 제삼천년기 19항.
[11] 제삼천년기 19항.
[12] 교리서 823항.
[13] 교리서 826항.
[14] 교리서 2011항.